Inhalt

Materialien

War Paul schuldig?

Der Himmel war bedeckt. Die Wolken hingen als leichter Nebel tief über der Stadt.

Paul geht über die Straße. Er streckt prüfend seine Hand nach oben.

Es regnete.

Mit einem leichten Aufatmen schlägt er den Mantelkragen hoch und beschleunigt seine Schritte. Vor Nummer 67 bleibt er stehen und schaut neugierig die belebte Straße entlang.

Um die Ecke marschierte ein Zug Gefangener, von Soldaten bewacht.

Mit einem befriedigten Schmunzeln biegt Paul in das breite, offene Tor zum Vorderhaus und trappst durch den gepflasterten Torgang. Neben dem linken Treppenaufgang, dort, wo die alte Mauer vor einiger Zeit frisch übertüncht worden war, um eine alte Inschrift zu übermalen, hält Paul abermals an.

Die alte Inschrift war, einem leichten Schatten gleich, schon wieder lesbar. „Zum Maskenverleih", darunter zeigte sich eine schwarze Hand mit ausgestrecktem Finger.

Paul schüttelt belustigt den Kopf und überlegt, ob diese Schrift wohl allmählich immer deutlicher hervortreten werde. Sie erinnert ihn jedesmal an seine einstige Spielgefährtin Mirjam, die zwischen den Masken bei ihrer Tante gewohnt hatte. Mirjam und er waren die besten Freunde gewesen. Seit dem Krieg darf er eigentlich nicht mehr an sie denken. Er sollte sie verachten. Mirjam stammte aus Polen. Sie gehörte also sogar zu ihren Feinden.

Er schiebt den Gedanken an Mirjam beiseite, als habe er sich bei einem Unrecht ertappt. (Es war wirklich ein Glück, daß keiner des andern Gedanken lesen konnte. Besonders Heiner und Willy durften nicht wissen, wie gern er noch immer an sie dachte und zeitweilig ihr Verschwinden bedauerte.)

Paul ist in den inneren Hof gelangt und blickt, flüchtig suchend, über die verschiedenen Eingänge der Hinterhäuser.

Bald nach Mirjam war auch Erwin mit seinem Vater verschwunden, obgleich sie das weiß Gott nicht nötig gehabt hätten[1]. Erwin hätte an ihrem großen Siegeszug teilnehmen sollen. Dort oben links hatte er gewohnt. Unter jener Haustür standen jetzt Peter, Dieter und Jürgen. Sie steckten tuschelnd ihre Köpfe zusammen, aber als sie Paul sahen, grüßten sie stramm.

Er hebt nur flüchtig die Hand und grüßt zurück; so wie Vorgesetzte ihre Untergebenen grüßen. Die drei waren jünger als er. Mit einem großen Anlauf will Paul die schmale, ausgetretene Treppe hinauf, als er sich auf seine Kaninchen besinnt, die er im Hof vor dem Kellereingang in zwei selbstgebastelten Ställen verwahrt. Er dreht um und tritt vor die Käfige.

Mit schnüffelnden Nasen näherten sich die zwei Hasen dem Gitter.

Paul krault sie hinter der Schnauze und hinter den Ohren. Er wirft einen suchenden Blick auf den Kehrichteimer. Vorsichtig zieht er ein Kohlblatt hervor und schiebt es den Tieren zu.

Ewi und Mi hießen sie. Mi war schwarz. Ewi war rötlichblond. Paul hatte sich diese Namen ausgedacht. Zu den andern sagte er: „Sie bedeuten gar nichts. Es sind nur fünf Buchstaben." Er allein wußte, was sie bedeuteten. Das rötlichblonde Kaninchen war eine Erinnerung an seinen Freund Erwin Brackmann und das dunkle an Mirjam, denn so dunkel wie Mis Fell waren Mirjams Haare gewesen.

---

1 Darüber berichtet der Band „Erwin kommt nach Schweden".

„Blöde Namen hast du ihnen gegeben“, schimpften Willy und Heiner. „Warum nennst du sie nicht Peter und Munzi, Muffi und Pfiffi oder so?“

Paul zuckte nur die Achseln. „Sie heißen nun einmal Ewi und Mi, dabei bleib' ich.“

Sie wurden sehr langsam dick und groß. Er mußte viel Sorgfalt darauf verwenden, denn seit dem Krieg war jeder Bissen genau berechnet: Sogar die Abfälle waren eingeteilt. Sie wurden pünktlich für irgendeine Verwertungsstelle abgeholt. Hier stand der Topf für den Kaffee-Ersatz, dort der Abfalltrog für die städtischen Schweineherden und da der für Papier und andere Abfälle. Jede Woche mußte die Jugend der Stadt – auch er gehörte dazu – die Abfälle in einem großen, weitläufigen Straßendistrikt zusammenholen und abliefern. Die Erwachsenen konnten sich im Krieg nicht mit derartigen Dingen beschäftigen. Es hieß, dieser Krieg sei ein Krieg auf Leben und Tod geworden. Sein Anfang war fröhlich, keck und sieghaft gewesen. Paul begriff diese sonderbare Veränderung nicht. Sie hatten doch eigentlich schon gesiegt! Alle sagten das. Sie besaßen den halben Kontinent. War es denn so schwer, ihn zu bewachen und zu halten?

Paul kehrt seinen Kaninchen den Rücken und geht über den Hof zurück. Er selber hatte in den letzten Jahren ungezählte Male gesungen: „Heute gehört uns Deutschland, morgen die ganze Welt.“ Nun endlich war dieser Tag da, an dem die Erde neu verteilt wurde und ihnen ein größerer, wenn nicht der größte Teil zufiel, damit sie die Herren werden konnten. (Genau hätte Paul nicht sagen können, warum ausgerechnet sie dazu geschaffen sein sollten, die Herren über die anderen zu werden. Doch sicherlich würde es, darüber konnten gar keine Zweifel bestehen, großartig, das mächtigste Land der Welt zu sein.)

Paul war klein von Wuchs. Das hatte ihn stets geärgert

und gegrämt. Er bewunderte große Leute. Erwin war groß. Außerdem war er sogar hübsch. Paul dagegen war, obwohl er viel turnte, immer unscheinbar und bläßlich geblieben. Zudem hatte er am linken Ohr, bis zur Backe reichend, ein Brandmal, ein sogenanntes Muttermal. War sein Haar lang genug, ließ er es in einer schwungvollen Strähne über die Stirn bis zur Backe fallen. Dann wurde es beinah verdeckt. Aber dieses Mal und seine Kleinheit, dazu noch eine angeborene Schüchternheit würden vergessen sein, sobald sie die Herren der Welt waren.

Paul hat die Treppe erreicht.

Peter und Dieter standen noch immer an der Ecke und sprachen auf Jürgen ein. Paul konnte nicht genau verstehen, was sie sich angelegentlich erzählten. Peter schien aufgebracht und verdrießlich.

„Eine Sauerei ist's von dem Alten", soviel verstand Paul. „Er versaut mir alle Zensuren mit seiner Unzufriedenheit."

Paul verschwindet im Hausgang.

„Mir hat er auch eine schlechte Note gegeben und noch dazu einen Verweis wegen Unpünktlichkeit. Aber es gibt doch heute wichtigere Dinge als seine langweiligen Geschichtsstunden von Anno dazumal!" grollte Dieter.

„Ich sage dir ja, wenn ich will, hab' ich ihn in der Hand und kann ihm saftig eins auswischen." Peter blickte triumphierend um sich. „Er hat überhaupt keinen Funken Schneid in den Knochen. Er sollte längst begraben sein!"

„Ein Trottel ist dieser Brummel", bestätigte Jürgen. „Auf mich hat er's auch abgesehen. Ich kann ihn nicht ausstehen."

„Ich bin sicher, ihn freut's, daß wir jetzt unsere Front zurücknehmen müssen. Ich meine, daß wir im Augenblick nicht siegen", setzte Dieter, sich verbessernd, hinzu.

Paul hat die elterliche Wohnung erreicht. Er blickt zum Flurfenster hinunter und läßt einen Kern, den er in der Tasche trägt, vorsichtig auf die Gruppe schnellen.

Die drei Jungens schauten auf. „Denkste“, sagte Peter und drohte mit der Hand. Dann wandte er sich wieder seinen zwei Klassenkameraden zu. „Soll ich euch noch was sagen?“

„Na?“ fragten alle zwei wie aus einem Munde und rückten näher. „Was meinst du?“

„Der da oben, das Paulchen, das ist auch so ein Drückeberger. Wenn ich der wäre, schon sechzehn oder noch mehr, hätte ich mich längst freiwillig an die Front gemeldet. Er aber hockt immer nur bei den Luftmeldetruppen herum wie einer von uns.“

„Ach, der ist viel zu klein zum Dienst.“

„Ich sage dir, er hat Kraft genug und sieht nur nach nichts aus. Krieg mal dem seine Pranke zu spüren.“

„Also was wird jetzt?“ fragte Dieter. „Melden wir's?“

„Was?“ fragte Peter, der seinen ersten Vorschlag schon wieder vergessen zu haben schien.

„Brummels Gemeinheit. Heiner will doch, daß wir solche Dinge herausbekommen und anzeigen.“

„Gemacht!“ nickte Peter.

Paul läutete an der Wohnungstür.

„Komm nur herein“, rief die Mutter. „Es ist offen.“

Er trat in eine Wohnküche. Die Mutter stand am Herd. Der Mittagstisch war gedeckt. Auch der Vater war schon daheim, saß beim Ofen und zog sich die Schuhe aus.

Die Zimmerwand war fleckig. Ein Bild des Führers hing über dem Tisch. Es war ein billiger, bunter Druck. Die andere Wand nahm eine aufgespannte Landkarte von Europa ein. Sie war dicht besteckt mit Fähnchen. Pauls Bruder turnte auf dem Kanapee und ordnete die Fähnchen.

Im Westen und Norden triumphierten die Fahnen schon bis weit über die Grenzen der eroberten Länder. Wenn Willy und Heiners Hände darüberglitten, sagten sie jedesmal stolz: „Mensch, denk mal, das alles haben wir erobert, jetzt behalten wir es."

„Aber was wird mit den Menschen, die dort wohnen und denen es bisher gehörte?" Anfangs hatte Paul das manchmal schüchtern zu fragen versucht.

Die Freunde zuckten dann die Schultern. „Natürlich bleiben die dort wohnen. Warum auch nicht. Holland muß Holland bleiben, Frankreich Frankreich und Norwegen Norwegen. Aber das Ganze, verstehst du, Europa, das beherrschen in Zukunft wir. Wenn sie arbeiten, so müssen sie zuerst für uns arbeiten. Dann geht es uns gut."

Später hatte Paul nicht mehr nachgeforscht. Verstand er etwas nicht, so schwieg er. Es würde schon recht sein, was die andern machten. Sie waren bestimmt klüger als er. Es war auch bequemer, nicht zu viel nachzudenken, sondern das richtig zu finden, was man ihm vorsagte. Außerdem fand er es natürlich schön, von Sieg zu Sieg vorwärtszueilen, schrecklich viel zu erobern und immer mächtiger zu werden. Im Osten reichten die Fahnen des Reiches bereits bis auf die höchsten Spitzen des Kaukasus und bis zur Wolga. Sollte man sich nicht darüber freuen? Durfte man nicht stolz darauf sein? Den Kopf möglichst hoch tragen und sich in die Brust werfen, angesichts solcher stolzer Siegestaten?

Paul hatte ein Bild aus einer Illustrierten über seinem Bett aufgehängt. Deutsche Soldaten lagen wie Jäger auf dem Anstand, Gewehr bei Fuß, in Ackerfurchen versteckt oder hinter Bäumen hervorlauernd. Sie zeigten lachende, siegesbewußte, trutzige Gesichter. Vor ihnen sah man stille, verlassene Dorfstraßen in nächtlich schlafendem Dunkel. Grenzpfähle, Schlagbäume und kleine Bauernhäuser, in denen die Bewohner die gewohnte, friedliche Ruhe und den Schlaf der Nacht genossen. „Deutsche Soldaten erwarten das Zeichen zum Angriff auf Rußland", stand darunter. Erst als die Soldaten schon weit drinnen auf den fremden Landstraßen standen und die Leute schlaftrunken aus ihren Häusern gestürzt kamen, hatten sie ihnen den Krieg erklärt!

Paul mußte nicht fragen: warum? Es stand in jeder Zeitung und empörte alle aufs tiefste. Diese schlechten, verkommenen Menschen dort drüben, so hieß es in der Zeitung, diese Teufel und Bestien – sie durften ihnen so viele häßliche und schlechte Namen geben, wie sie nur wollten – hatten vorgehabt, sie trotz eines Friedensbündnisses mit Krieg zu überfallen. Aber zum Glück waren die deutschen Soldaten ihnen zuvorgekommen, denn da sie schlauer gewesen waren als die andern, hatten „sie" das Bündnis gebrochen. Jetzt durften alle doppelt triumphieren, weil zu ihrem schon eroberten Reichtum auf diese Weise nochmals ein schier unermeßlich neuer kam.

Der Bruder entfernte sorgfältig Fähnchen und steckte sie neu.

„Was tust du denn da?" fragte Paul und drängte sich neben ihn.

Anstelle des Bruders antwortete der Vater. „Sie haben die Front verbessert und verkürzt, gewandt wie die Aale und schlau wie die Füchse."

Paul hatte sich über die Karte gebeugt. „Aber die gehen ja zurück!" rief er entsetzt, als er die neuen Orte betrachtete und die fahnenlosen Löcher sah, die zurückgeblieben waren.

„Was du nicht sagst", lachte der Vater, der sich behaglich auf seinen Platz an dem gedeckten Tisch niedergelassen hatte. „Meinst du, sie gingen zurück, wenn es ihnen nicht Vorteile brächte? Hast doch gehört, was der Führer sagte: ‚Wo der deutsche Soldat einmal steht, bleibt er stehen.'"

Der Vater ergriff die Gabel, und indem er zu essen begann, schien er jede weitere Unterredung abzuschneiden. Als eine Art Nachsatz brummelte er nur noch. „Selbst wenn sie zurückgingen, dann ist es Befehl. Sie wissen schon, was sie tun."

Paul trat an den Tisch. „Es regnet", sagte er und ergriff seinen Suppenlöffel

„Ja, es ist gottlob wieder bedeckt", antwortete die Mutter. „Dann werden die feindlichen Flieger nicht kommen."

„Und wenn schon", lachte der Vater. „Ich habe die Schäden vom letzten Bombardement gesehen. Die waren gering. Ein Haus ist abgebrannt. Flugblätter haben sie abgeworfen. Lächerlich, dazu könnten sie sich die weite Reise sparen."

„Aber die unsern, Vater, nicht wahr, die waren letzte Nacht wieder über London", triumphierte Paulchen.

„Klar", sagte der Vater und wischte sich befriedigt den Mund. „Der Führer hat uns ja versprochen, er wolle London ‚ausradieren'. Damit sie endlich unsere Macht spüren und klein beigeben."

„Ich habe Bilder aus der englischen Stadt gesehen. Sie sieht aus wie ein einziger Trümmerhaufen. ‚Erfolg unserer siegreichen Luftflotte' steht darunter."

„Das ist Coventry." Der Vater nickte. „Eine Stadt in Mittelengland." Die Mutter zog sich ebenfalls einen Stuhl an den Tisch und begann zu essen. „Immer feste druff", lachte sie.

Paul stutzte. Ihm fiel etwas ein. „Coventry?" wiederholte er fragend. „Ach, drum sagt der Heiner jetzt immer ‚coventrieren', wenn er etwas ganz und gar kaputtmachen möchte."

Wieder neigte der Vater bestätigend seinen Kopf. „Klar, so heißt das. Wir haben nicht umsonst die größte Luftflotte. Jetzt müssen sie spüren, mit wem sie sich eingelassen haben."

Aus dem Hof erklang ein heller Pfiff. „Das gilt mir." Paulchen erhob sich. Er trat ans Fenster und beugte sich hinunter. Unten im Hof wartete ein großer, hochgewachsener Bursche. Er trug eine Uniform.

„Es ist Heiner", sagte Paul.

Hinter ihm stand Willy. Er war dick und massig. Beide waren älter als Paul und fast schon erwachsen. Heiner machte eine Bewegung mit der Hand und dirigierte Paul abwärts. „Wo bleibst du so lange?"

„Wir sind noch beim Essen."

„Du mußt sofort kommen", brüllte Heiner. Er bezeichnete mit der Hand einen Treffpunkt. Er schien sich hinter einer Art Chiffer[2] zu verbergen und nur Paul und den Eingeweihten verständlich zu sein.

Paul nickte und schloß das Fenster. Sich wieder zum Tisch wendend, erklärte er: „Ich muß weg."

Die Mutter sah enttäuscht auf. „Je, Paulchen, bist doch grade erst gekommen. Warum die auch immer auftauchen, wo es in der Familie stört. Es ist fast, als wollten sie unsereins ärgern."

Der Vater brummte nur. Er wußte, daß kein Protest nützte, sobald von den Jugendgruppen aus ein Befehl erteilt wurde. Heiner und Willy waren Pauls Vorgesetzte.

Paul, leicht an den Tisch gelehnt, schob sich noch einige Kartoffeln in den Mund und stopfte einen Löffel grünen Spinatmuses nach.

„Je, wie du auch schlingst, Junge", schalt die Mutter, „kann dir ja gar nicht bekommen so. Seit Tagen ißt du meist nur noch im Stehen und auf dem Husch." Sie seufzte.

Paul zog sich kauend seine Stiefel an. Dann band er den vorschriftsmäßigen Schlips um. „Gibt's noch was?" fragte er, und schon im Begriff, die Tür zu ergreifen, überblickte er den Herd und den Tisch.

„Kannst einen Apfel haben." Die Mutter erhob sich und trat an den Schrank.

---

[2] Geheimzeichen, Kennzahl

„Äpfel?“ wiederholte Paul staunend und kehrte um. Auch der Vater hob den Kopf.

„Je, Mutter, woher hast du Äpfel? Hab’ ich doch weiß Gott das ganze Jahr kaum Obst gesehen und ausgerechnet heute Äpfel!“

„Obst muß für die Verwundeten und für die Front bleiben. Ich sah zufällig, daß ein kleiner Posten für die Zivilisten abgegeben wurde. Drei Stunden mußte ich drum anstehen.“ Sie hatte ungefähr sechs Äpfel auf den Tisch rollen lassen. Es waren keine besonders schönen Äpfel. Sie waren schon fleckig. Alle Hände griffen danach.

Paul hatte sich den seinen in größter Eile in die Tasche gesteckt. Er wollte ihn später allein und in Ruhe essen. Kein Kern sollte übrigbleiben. Er schlug die Tür hinter sich zu. Dann rannte er die Treppe hinunter. Natürlich kam er viel zu spät. Er hatte wirklich nicht mehr an die vereinbarte Besprechung gedacht.

Paul durcheilte abermals den Torbogen, lief zwei Straßen weiter und gelangte in eine Sackgasse. Es war mehr eine Ausbuchtung zwischen zwei Brandmauern[3], unter der ein Gang von einem Luftschutzkeller in den andern führte. Eine Art Notausgang, in den man sich retten konnte. Hinter dieser Schluft[4] lag ihre „Höhle“, ein Geräteschuppen, der an die Markthallen grenzte.

Paul klopfte im Takt der verabredeten Parole. Einer der Jungen öffnete ihm. „Je, bist du aber spät“, flüsterte er und ließ Paul ein.

Aus alten Kisten waren notdürftige Sitze hergestellt. Sogar ein Tisch war aus Brettern und Abfallholz gezimmert

3 starke Mauern zwischen zwei aneinanderstoßenden Häusern, um das Übergreifen von Feuer zu verhindern
4 Schlucht

worden. An der Wand hingen Bilder des Reichskanzlers, der Marschälle und beliebter Heerführer.

Heiner saß am Tisch auf einer Kiste, die höher als die andern Sitze war. Seine langen Beine ragten weit in den Raum hinein. Willy kniete neben ihm, um auf diese Weise besser in die Akten zu sehen, die Heiner durchblätterte.

„Du kommst auch meist zu spät“, begrüßte Heiner Paul.

„Ich sagte dir schon, wir waren beim Essen“, entschuldigte sich Paul.

Keiner antwortete darauf. Heiner zuckte nur geringschätzig die Schultern und blies verächtlich mit den Lippen vor sich hin.

Außer Paul befanden sich noch ungefähr zwanzig Jungen in dem Raum. Alle trugen die gleiche Uniform der Jugendgruppen. Die meisten gehörten zum Luftmeldedienst. Der eine oder andere hatte Abzeichen an der Jacke.

Heiner zählte, mit dem ausgestreckten Zeigefinger über die Köpfe der Versammelten hingleitend, die Anwesenden. „Also, Jungens“, begann er.

Sie rückten auf ihren Notsitzen und Kisten umher und nahmen eine aufrechtere Haltung ein.

„Jungens“, wiederholte er zum zweitenmal. „Es betrifft den alten Brummel. Es ist eine Klage gegen ihn eingebracht worden.“

Die meisten beugten sich erstaunt vor, einige aber schmunzelten befriedigt oder nickten beifällig. Paul zog mißmutig die Augen zusammen. Dann schob er nachdenklich seine Finger zwischen die Stirnhaare und sah Heiner an.

Der alte Brummel war sein Lehrer! Was war plötzlich mit ihm?

„Wir können uns das nicht länger bieten lassen. Er ist höchst verdächtig“, setzte Willy hinzu und sah die andern drohend an. „Wir müssen ihn einmal endgültig entlarven und anzeigen.“

Paul beugte sich Heiner entgegen und dachte nach. Herr Köwel, „Brummel“ genannt, war einer der älteren Lehrer der Realschule. Er hatte ihn immer gern gehabt und konnte sich nicht erinnern, jemals einen Groll gegen ihn gehegt zu haben. Auch konnte er sich nicht vorstellen, was Brummel getan haben sollte.

„Peter“, rief Heiner. Es klang wie ein Befehl. „Tritt vor.“

Peter, einer der Jüngsten, machte einen geschmeidigen, flinken Eindruck. Er hatte lustige, blaugraue Augen und ein pfiffig nach oben gebogenes Näschen. Sein Haar war kurz geschnitten, wie rasiert.

„Hier!“ Er gab seinem Körper einen Ruck, daß dieser eine stramme, militärische Haltung einnahm.

Heiner blieb gelassen sitzen, winkte wohlwollend mit der Hand ab und drehte sich noch einmal zu den im Umkreis sitzenden Kameraden.

„Wer ist in Peters Klasse?“

Vier weitere Knaben, Dieter, Jürgen und noch zwei andere, hoben die Arme und sahen in Habachtstellung auf Heiner.

„Ihr wart Zeugen?“

Sie nickten.

Heiner winkte Peter aufmunternd zu. „Also erzähle. Wie war es?“

„Es war so“, begann Peter, während er in strammer Haltung vor Heiner stehenblieb. „Ich war mit meinen Eltern in Davos. Das liegt in der Schweiz“, setzte er erläuternd hinzu.

„Ahs“ und „Ohs“ der Bewunderung wurden laut, und aus dem Hintergrund rief eine erstaunte Stimme. „Donnerwetter, Knorke!“ „Piekfein!“ eine andere. (Denn es gehörte zu den Seltenheiten, mitten im Krieg ins Ausland zu reisen.) Aber Peter war der Sohn eines wohlhabenden Mannes, der eine höhere Parteistellung einnahm.

Peter fühlte deutlich die steigende Bewunderung und genoß seinen Triumph. „Ich habe nämlich eine lungenkranke Schwester. Die liegt schon ein Jahr in Davos, und wir durften sie endlich einmal besuchen“, fuhr er mit seiner hellen, sprühenden Stimme fort. „Als ich zurückkam, forderte mich Brummel auf, ihm von der Schweiz zu erzählen. Zugegeben! Es war ganz schön. Es hat toll hohe Berge dort. Die Alpen. Ganz tolle, piekfeine Hotels, so richtige Kästen und Paläste. Aber wir haben schließlich auch Alpen, in Bayern und Österreich, die sich sehen lassen können.“

Heiner blätterte gelangweilt in seinen Notizen. „Komm zur Sache“, mahnte er, weil Peter abzuschweifen begann.

„Sofort“, rief der Kleine. „Vom Kriege verstehen sie natürlich dort nichts. Sie haben gar keinen Sinn für so was. Sie begreifen ja wohl überhaupt nicht viel, weil sie nur ein nebensächliches Ländchen sind.“

„Die Schweiz, das kleine Stachelschwein, das stecken wir auf dem Rückzug ein“, trällerte einer der Knaben. Es war ein Spottvers, den die Soldaten mitunter sangen.

Peter lachte und nickte dem Sänger Beifall zu.

„Zur Sache“, rief Heiner noch einmal.

Peter, der jetzt richtig in Fahrt gekommen war, fuhr unbeirrt fort. „Und zu essen hat's dort noch, sag' ich euch. Einfach prima. Man kann sogar Schokolade kaufen und Kuchen essen, bis man platzt. In den Schaufenstern sieht man haufenweise Schuhe und Kleider, wie im Schlaraffenland. Als ich das dem Brummel erzählte und fragte – ‚Herr Köwel‘ – fragte ich, ‚wieso haben sie eigentlich dort alles noch so reichlich?‘ Da antwortete er mir: ‚Weil sie keinen Krieg führen und keine Kanonen machen.‘“

„Jawohl, genau so hat er gesagt.“ Die vier andern bestätigten. „Richtig triumphiert hat er, daß sie keinen Krieg führen.“

„Und weil er so höhnisch triumphierte und beinahe

neidisch schien, sagte ich drauf: ‚Glauben Sie nicht, daß Krieg und Kanonen viel wichtiger sind als Schokolade und Kuchen essen?‘“

Wieder bewegten die andern zustimmend die Köpfe. „Tatsache, das hat Peter gesagt. Ganz groß war's, wie er es ihm zurückgab.“

„Da schaute der Brummel erstaunt auf“, fuhr Peter fort, „und sah mich forschend an. ‚Ich fürchte, wenn wir noch sehr lange Krieg führen und immerzu Kanonen machen, werden wir zum Schluß auch kein Brot mehr haben.‘ Richtig giftig fuhr ihm das raus.“

Willy schlug mit der Faust auf seine Kiste. „Hört, hört!“ rief er. „Der sollte sofort hinter Schloß und Riegel.“ Er sah die andern fragend an. „Hat er das wirklich gesagt? Genau so?“

Peter und seine drei Zeugen brummelten etwas und sahen sich vielsagend an. Die andern gaben Peter Zeichen, fortzufahren. „So sag doch schon, was dann kam“, schrien sie aufgeregt. „Das Tollste kommt nämlich noch.“

„Jawohl, das Tollste“, fuhr Peter fort. „‚Herr Köwel‘, fragte ich drauf – ich tat einfach so, als hätte ich mich verhört: ‚Sie meinen also, wenn wir zu viel Kanonen machen, haben wir später auch kein Brot zu essen?‘ Ich wartete eine Weile, was er dazu sagen würde. Aber er hielt wohlweislich den Mund. Er schaute mich nur an, aber wie! Und da gab ich's dem alten Knacker. ‚Herr Köwel‘, rief ich, ‚wir werden immer Brot zu essen haben, denn wer die meisten Kanonen hat, kann den andern alles wegnehmen.‘ Ich sage euch, dem blieb die Spucke weg!“

Seine Klassenkameraden kicherten in Erinnerung an Peters forsche Antwort. „Er wurde ganz weiß“, setzte einer hinzu.

Ein anderer rief: „Ich sah, wie seine Hände auf dem Pult zu zittern begannen.“

Peter hieß die andern schweigen, weil es an ihm war,

seine Geschichte zu Ende zu erzählen. „Schließlich stand Brummel auf. Er ging schweigend zur Tafel und nahm die Kreide in die Hand. Er war wie im Schlaf. Dabei brummelte er was. Ich verstand nur die Worte: ‚Schwert ergreift.' Er hielt die Kreide, als ob er die Worte anschreiben möchte. Dann ließ er sie fallen und sah aus dem Fenster. Der da, der Dieter, der hat aber genau verstanden, was er sagte."

Peter winkte dem zunächst Sitzenden. Dieser sprang eilig auf und stellte sich neben Peter.

„Er brummelte: ‚Wer das Schwert ergreift, wird durch das Schwert umkommen.'"

Dieter leierte die Worte wie einen auswendig gelernten Spruch monoton herunter. Nachdem ihn alle entrüstet aufgenommen hatten, setzte er erklärend hinzu. „Ich sitze nämlich in der ersten Bank, müßt ihr wissen. Er ging dicht an mir vorbei. Ich kenne ihn schon. Er hält oft Selbstgespräche. Darum heißt er ja auch Brummel."

„Ist das ein Wackelgreis", lachte Willy.

„Hat wohl Angst vor dem Schwert?"

„Natürlich, nichts als Angst."

„Eine feige Memme."

Heiner ließ seine Blicke im Kreis herumgehen. Auf Paul, der bisher geschwiegen hatte und mit wachsendem Erstaunen zuhörte, blieben sie liegen. „Ist Brummel nicht eigentlich dein Klassenlehrer?"

Paul stand auf. „Ja, seit zwei Jahren. Er gibt in Peters Klasse nur einige Stunden Vertretung."

„Und du hast nie etwas Verdächtiges bemerkt? Hat er bei euch nie gemeckert oder kritikastert[5]?"

Zwei andere Jungens waren zu Paul getreten. Erich und Harald. Sie sprachen auf ihn ein. Natürlich erwartete Heiner ähnliche Berichte von ihnen. Begriff Paul das

---

[5] nörgeln

nicht? Es galt anscheinend, einen unbeliebten Pauker zu stürzen und unschädlich zu machen. Was konnten sie dazu beitragen, damit nicht aller Ruhm auf Peter liegenblieb?

Paul schwieg noch immer. Dann sagte er langsam: „Der ist nicht begeistert über den Krieg. Als im Turnsaal die ersten Verwundeten eingeliefert wurden, hatte er Tränen in den Augen und brummelte: ‚Nun fängt das Elend wieder an.‘ Er hat nämlich einen Schock vom letzten Krieg.“

„Pah“, ließ sich eine kecke Stimme hören. „Der kann wohl kein Blut sehen?“

Einige sahen sich nach dem Sprecher um und lachten.

Erich hob die Hand, und indem er Paul nach dem Hintergrund drängte, schob er sich vor. „Als wir in der Geschichtsstunde über Napoleon sprachen, hat er gesagt: ‚Schon Napoleon, einer der größten Feldherren, scheiterte in Rußland.‘“

„Paul“, rief Heiner noch schärfer, „hast du das auch gehört?“

Paul sagte: „Ja.“

„Und so etwas meldest du nicht sofort?“

Zum erstenmal blickt Paul Heiner an und tritt näher. „Natürlich hat er das gesagt. Aber –“ und nach kurzem Zögern sagt er ruhig: „Es stimmt! Napoleon wurde in Rußland geschlagen, seine Armee dabei vernichtet. Ihr wißt doch auch, daß viele Völker, die erst mit ihm marschierten, sich dann gegen ihn empörten und in der Völkerschlacht bei Leipzig gegen ihn kämpften. Darüber erzählte er uns.“

„Meinetwegen zwei Völkerschlachten“, schrie Heiner noch lauter. „Ich will wissen, ob er gesagt hat ‚schon Napoleon‘? Begreifst du nicht. Das ist das Unerhörte. ‚Schon‘ Napoleon!“

Paul versuchte sich zu erinnern. Er schweigt. Seine Gedanken sind abgeschweift. Er sieht deutlich die hellgrauen, freundlichen Augen Brummels. Er hält den Kopf meist nach vorn geneigt. Sein Rücken ist krumm geworden. Seit einiger Zeit liegen seine sonst lustigen Augen wie unter einem Nebel, sie sind etwas traurig und vorwurfsvoll geworden. Der Mann seiner Tochter ist im Osten gefallen. Das kann er schwer verwinden.

„Schon möglich“, antwortete Paul endlich. „Ich weiß es nicht mehr sicher.“

„Das heißt also, du hast keinerlei Verdacht geschöpft.“ Heiner blickte Paul fast drohend ins Gesicht. „Paul Richter, hörst du, was ich sage? Antworte mir.“

„Nein!“ sagte Paul langsam und immer abwesender. „Keinen Verdacht.“ Er hört kaum, was er spricht, denn ihm ist plötzlich etwas eingefallen, das ja Brummel viel mehr verdächtigt. Als er kürzlich Hefte zu ihm brachte und vor der Türe klingelte, hörte er ein Radio. Das Ohr an die Tür gelegt, vernahm er deutlich, daß es ein „Feindradio“[6] sein mußte. Man erkennt das sofort an den Störungssendern, die dazwischen krachen und die Stimme verzerren. Au wei, der Alte hört Feindradio! überlegte er. Und schnell, damit kein Dritter es wahrnehmen konnte, hatte Paul zum zweitenmal und diesmal anhaltender und kräftiger als das erstemal geläutet. Jetzt war das Radio drinnen jäh abgedreht worden, und man hatte ihn gleich darauf eingelassen. Als er ins Zimmer trat, sah er zu seinem Erstaunen, daß sich überhaupt kein Radio in der Stube befand. Auffällig war nur gewesen, daß die Tochter auf der Kommode einen Berg Flickwäsche liegen hatte, unter der sich eine sonderbare Kastenform abzeichnete.

Paul hatte nicht weiter darüber nachgedacht. Sogar bei ihm daheim kam es vor, daß, während sie am Radio drehten, ein Feindsender aufklang. Dann lauschten sie eine Weile, bis der Vater rief: „Die lügen das Blaue vom

[6] Radiosendungen des Feindes

Himmel herunter. Wir haben längst gesiegt, aber sie haben es immer noch nicht gemerkt."

Nein! Paul war nicht der Junge, der viel nachdachte oder Schlechtes hinter seinen Nachbarn vermutete. Auch Heiner und Willy erzählten mitunter. „Sie hätten's mal zufällig gefaßt." Und auch sie setzten dazu: „Was die sich für einen Quatsch aus den Fingern saugen." Warum sollte Brummel nicht das gleiche denken?

Paul überlegte weiter und erinnerte sich immer deutlicher.

Brummel war an dem Tag besonders freundlich zu Paul gewesen. Paul hatte mit Köwels Kaffee trinken müssen. Da er auch nicht reichlich, sondern nur als Ersatz vorhanden war, war es besonders freundlich, ihm eine Tasse anzubieten. Sogar Magermilch gab es. Köwels Frau, seit längerer Zeit gelähmt und bettlägerig, war eine lustige vergnügte Frau, und sie hatten viel zusammen gelacht.

Während Paul an all das zurückdachte und schweigend vor Heiner stand, trat Harald vor.

„Der hat noch ganz andere Sachen gesagt. Jetzt fällt es mir ein. Er wollte uns nämlich klarmachen, daß England nie einen Krieg verliert. Er sagte wörtlich: ‚England verliert alle Schlachten außer der letzten.'"

Erich nickte beifällig. „Richtig, so sagte er."

Paul erwachte aus seinen Grübeleien. „Er belegte es mit genauen Jahreszahlen. Es war alles richtig. Toll war es", ruft er laut. „Aber er hat nicht gesagt, daß es auch diesmal so sein muß."

„Im Gegenteil", rief Harald, als er bemerkte, wie sehr Paul bereit war, Brummel zu verteidigen.

Wieder traf Paul der mißtrauische, fast feindliche Blick Heiners, unter dem er erschrocken zusammenzuckte.

„Natürlich, du findest ja überhaupt nichts Verdächtiges. Vielleicht sollte man lieber dir auf die Finger gucken und dich beobachten."

„Jawohl“, nickte Willy. „Das ist wirklich allerhand. Du bist der Älteste und kennst Brummel am längsten, aber du entdeckst nichts, sondern die Kleinen.“

Heiner sprang auf. „Peter“, rief er. „Ich werde deinen Bericht sofort weitergeben. Du hast einen Staatsfeind entlarvt. Ich muß dich loben, und ich werde dich als ersten Anwärter für die ‚Reit- und Fahrschule‘ vorschlagen. Die andern können einpacken. Diesen alten Ochsen von vorvorgestern noch zu verteidigen! Man hätte ihm längst den Mund verbieten sollen. Hat sonst noch jemand einen Beweis seiner Unzuverlässigkeit?“

Wieder traf Heiners Blick Paul. „Jeder Meckerer gehört hinter Schloß und Riegel. Und jeder, der Meckerer schützt, macht sich mitschuldig!“

„Nein!“ ruft Paul. Er erschrickt, als er sein lautes Nein hört. Er hat keinerlei Einwand beabsichtigt. Trotzdem aber hört er seine Stimme schon zum zweitenmal.

„Nein, das ist keine Meckerei.“

Heiner und Willy stellen sich dicht neben Paul. „Du“, knirscht Heiner. „Noch ein Wort, und ich hau’ dir –“ Er hielt seine Faust vor Pauls Brust, bereit, ihn mit einem Kinnhaken umzustoßen.

Paul hält dem Blick stand. Innerlich zittert er vor Angst. Er fühlt, wie aus allen Poren seines Körpers Schweiß tritt und sein Gesicht vor Röte brennt, während seine Knie immer weicher werden.

„Nein“, ruft Paul zum drittenmal. Die Angst hat sein ganzes Wesen gepackt und völlig Besitz von ihm ergriffen. Er merkt, wie der bessere Teil seines Wesens, der zu protestieren versuchte, von dieser großen Angst erdrückt, zu flüchten beginnt. Er verläßt ihn, verkriecht sich, und dergestalt in zwei Hälften zerrissen, kann der eine dem anderen zuhören.

Der geflüchtete Teil denkt: Es ist eine Gemeinheit, den alten Mann so zu belasten. Was haben wir davon, wenn er hinter Schloß und Riegel kommt. Seine Frau ist gelähmt, seine Tochter steht mit zwei kleinen Kindern allein. Wir hatten den Brummel bisher immer gern. Warum soll er nicht sagen dürfen, was er denkt? Wir können ja trotzdem tun, was wir für richtig halten.

Aber der Teil von Pauls Ich, der das dachte, war verängstigt in den hintersten Winkel geflüchtet. Er verlor die Verbindung mit dem anderen Ich, verlor seine Stimme, brachte keinen Ton heraus, zitterte und schien gefesselt. Wäre Paul nicht so erschreckend wehrlos und allein gewesen, wären die andern Ichs gleichzeitig mit ihm aufgestanden, dann hätte er wieder Stimme und Kraft bekommen. Dann hätte kein Heiner etwas gegen sie unternehmen können.

Paul wartet noch einen Augenblick. Er wartet, ob er nicht doch die Kraft findet, diesen besseren Teil seines Wesens zum Sprechen zu bringen.

Heiner stand noch immer mit diesem bedrohlichen, ihn immer stärker beherrschenden Blick vor ihm. „Ich werde dafür sorgen, daß du nicht zur Flak[7] kommst, und meinen Antrag, dich auf die Reit- und Fahrschule abzukommandieren, werde ich zugunsten Peters zurückziehen."

Paul erschrickt! Jetzt besteht er nur noch aus Angst. Es ist eine gräßlich würgende Angst, die alles in ihm verändert. Zugleich aber erhebt sich sein Ehrgeiz, das Verlangen nach Beförderung verdrängt alle anderen Einwände. Ein völlig fremdes Wesen hält in ihm Einzug. Er hört erstaunt seiner eigenen Stimme zu wie der eines Fremden. Er weiß nicht einmal genau, ob es wirklich seine eigene Stimme ist.

„Was ihr da alles vorbrachtet", beginnt er, „gilt nicht. Was er behauptete, läßt sich geschichtlich beweisen. Ich habe andere Beweise in der Hand, richtige Beweise, aber

[7] Kurzwort für: Flugabwehrkanone

ich bin entschlossen, sie nur an maßgebender Stelle vorzubringen.“

Mehr will er nicht sagen. Er will sie eigentlich nur neugierig machen und den Verdacht von sich ablenken. Doch nachdem es wieder still im Raum ist, fühlt er alle Blicke auf sich gerichtet.

„Hört, hört“, ruft jemand. Peter läßt seine Arme fallen und beobachtet aufmerksam Heiner und Willy. Und genau in dem Maß, wie Peter kleiner zu werden beginnt, kommt Paul sich gewachsen vor. Die Angst läßt nach. Er hat wieder Halt in allen Gliedern. Die Knie drohen nicht mehr zusammenzusinken. Die Reit- und Fahrschule ist nicht endgültig in Peters Hände geglitten. Der große Flakturm, von dem das blitzende Feuerwerk zum Himmel aufsteigt, wird auch von ihm bedient werden. Er hat überhaupt noch nichts gesagt. Er ist sogar fest entschlossen, kein weiteres Wort zu sagen. Irgendwie wird er sich wieder herausschlängeln.

Doch jetzt scheinen Heiner und Willy fest entschlossen, ihm das nicht zu erlauben, sondern ihm auch noch das letzte und entscheidende Wort zu entlocken.

Zunächst versucht Paul, sich mit Vermutungen herauszudrehen, er läßt nur geheimnisvolle Andeutungen laut werden. Aber je geheimnisvoller sie sind, um so fester fassen die Schrauben, in denen er steckt. Er erkennt, daß er sich auf einen Weg begeben hat, auf dem es keine Umkehr gibt, keinen Seitenweg, keine noch so schmale Gasse, durch die er entschlüpfen könnte. Er muß gegen seinen Willen auf dieser einmal eingeschlagenen Straße bleiben. Er ist wie mit Leim auf sie festgeklebt worden. Wie ein erbärmlich hilflos gewordenes Ding kommt der entflohene Teil seines Wesens, jenes bessere Ich, das alles ganz anders gemacht hätte, zu ihm zurück. Er wird eins mit ihm, aber jetzt ist beiden zusammen nicht mehr wohl. Das unterdrückte Ich klagt und wimmert, quält ihn mit Schuldvorwürfen und wird schließlich so unscheinbar, daß er wie leblos zusammenzusinken droht. Vielleicht hätte in dem Augenblick Weinen gutgetan. Wenn sie mit alldem hier fertig sind, will Paul irgendwohin marschieren und noch lange nicht nach Hause gehen.

Ohne Ton, ohne innere Anteilnahme erzählt er mit gesenktem Kopf, was er bei Brummel beobachtet und erlebt hat. Er versucht zwar, da oder dort zu entschuldigen und zu beschönigen. „Es muß ja", sagt er mit etwas mehr Wärme, „keine schlechte Absicht gewesen sein. Wer hätte nicht schon einmal Feindradio gehört." Er merkt, daß er damit nicht überzeugt. Und das teuflischste ist, daß sich die Beobachtung mit der angehäuften Flickwäsche über einem verborgenen, geheimnisvollen Radiokasten so besonders spannend erzählen läßt – und eigentlich hatte er das verschweigen wollen.

Er fühlte Heiners Hand schwer auf seiner Schulter. „Paulchen, du mußt den Greis nicht entschuldigen. Es ist längst Zeit für ihn zu gehen."

„Auf Feindradio hören steht Todesstrafe", ruft eine Stimme laut.

Paul sieht ihn erschrocken an. „Werden sie ihn hinrichten?"

„Jetzt kann der auch kein Blut sehen", höhnte wieder die Stimme, die schon einmal die andern mit dieser Bemerkung zum Lachen herausgefordert hatte.

„Sei ruhig. Was sollen sie ihm schon tun? Lohnt sich nicht. Sie werden ihm einfach den Abschied geben. Natürlich ohne Pension."

„Ohne Pension?" wiederholte Paul erschrocken.

„Jawohl, ohne Pinke, Pinke."

Das hieß also, daß er und seine Frau hinfort kein Geld mehr zum Leben bekommen! Vielleicht muß der alte Mann in eine Fabrik gehen, wenn er nicht zum Tode verurteilt wird. Er ist zart und schwächlich. Paul wird es übel im Magen.

Heiner und Willy nahmen ihn in die Mitte. „Ihr schweigt über das, was hier verhandelt wurde. Es bleibt geheim. Der alte Brummel ist sonst imstande und türmt uns noch vorher."

Die Jungens nickten zustimmend und bekräftigten es mit: „Klar!" „Und ob!" Einige rieben sich die Hände. Es waren jene, die ihm ihre schlechten Zensuren nachtrugen. Jetzt hatten sie es ihm gegeben. Jetzt würden sie gerächt werden.

Die zwei Großen gingen mit Paul in der Mitte zuerst hinaus.

Heiner erzählte Paul von der Reit- und Fahrschule, auf die er nun in den Ferien endgültig abkommandiert werden sollte. „Es wird doch großartig sein, wenn du endlich reiten und chauffieren kannst." Heiner gab schmatzende Lippenlaute der Bewunderung von sich. „Natürlich kommen solche Jungens zur motorisierten Armee oder zur Kavallerie, und das ist ein ander Ding, als nur ein Fußlatscher zu sein. Auch zu den Fliegern darfst du dich melden."

„Ja", antwortete Paul, „ja wirklich? Ich freue mich."

„Gemacht", rief Heiner, „verlaß dich drauf." Er tippte ihm zum zweiten Mal an dem Tag auf die Schulter, was einem Lob gleichkam.

Paul versuchte zu lächeln. Es würgte ihn noch immer etwas. Eine Stimme in ihm – vielleicht war es sein Gewissen – hatte noch nicht aufgehört zu klagen und quälte ihn. Er versuchte doppelt fest aufzutreten. Ihre Schritte knallten im gleichen Takt weithin auf dem Asphalt. Sie gingen jetzt so forsch wie in einem anbefohlenen Marschtritt, und Paul dachte daran, daß Heiner ihn gelobt hatte. Er hatte also etwas getan, auf das er stolz sein konnte.

In der Nacht gab es Alarm.

„Teufel noch mal", knurrte Vater Richter. „Die Tommies[8] werden allmählich frech."

Es war wahr. Sie kamen immer häufiger bis zu ihnen. Sie schienen stärker zu werden und entschlossen, ihnen keine Ruhe mehr zu gönnen. Bisher war stark und angriffig sein das alleinige Recht der Deutschen gewesen. Jetzt aber begannen die andern, sie mit Luftalarmen und Angriffen zu terrorisieren.

Paul sprang schlaftrunken aus seinem Bett, ergriff mechanisch in gewohnter Weise seine Uniform, stülpte den Feuerwehrhelm über und zog als letztes seine Stiefel an.

„Gott", klagte die Mutter, die sich ebenfalls anzukleiden begonnen hatte, „wenn nur nichts passiert. Es dreht mir jedesmal das Herz um, den Pauliken beim Luftalarm hinauszulassen. Er ist doch fast noch ein Kind."

Paul verzog mißmutig den Mund. Er liebte dieses mütterliche Bedauern nicht und wollte kein Kind mehr sein.

Der Luftschutzkeller lag unter dem Vorderhaus und war durch einen Schleusengang mit einem großen, breiten Straßenbunker verbunden. Nur einige Ausläufer reichten bis unter das erste Hinterhaus. Während die Familie und alle Hausbewohner sich in diese Keller verteilten, begab sich Paul in sein Mannschaftsquartier, um die Befehle der Brandwache abzuwarten. Seine Arbeit bestand meist darin, mittels Feuerwehrschläuchen durch wasserfallartige Fluten die Dächer im Fall eines Brandes zu schützen, Möbel und Hausgeräte zu retten und Meldungen zu überbringen.

Eine dichte Wolkendecke hing noch immer über der Stadt, und als Paul über den Hof rannte, spürte er einen feinen Regen. Schon hörte er die ersten Schüsse der Fliegerabwehr draußen vor der Stadt. Es klang noch

[8] Spitzname der englischen Soldaten

ziemlich entfernt. Er vernahm das surrende Aufsteigen der Nachtjäger[9] und ihr suchendes Herumschwirren, während sie den feindlichen Fliegern auflauerten. Trotzdem empfand er in diesen Augenblicken weniger Furcht und Unbehagen als am Nachmittag während des Kampfes um Herrn Köwel.

Bisher hatte Paul noch keinen schweren Fliegerangriff erlebt. Es hieß, bis zu ihnen würden sie nicht kommen. Er hatte nur davon gelesen. Im Westen und Süden des Landes sollten schon ganze Stadtteile in Schutt und Asche gelegt worden sein. Aber darüber sprach man meist nur im Flüsterton oder mit stiller Wut und heimlichen Vorwürfen. Es war Befehl, das als unvermeidlich und für den Kriegsverlauf gleichgültig hinzunehmen.

Im Mannschaftsquartier saßen neben den leitenden Luftschutzmannschaften viele gleichaltrige und jüngere Kameraden von Paul, sogar die Zwölf- und Dreizehnjährigen waren bereits aufgeboten. Allen starrte der zerrissene Schlaf aus den Gesichtern. Einige gähnten, andere rieben sich schläfrig die Augen. Die Mehrzahl war vor Erregung und Spannung jedoch ziemlich wach. Sie sprachen lebhaft miteinander, mutmaßten, ob sie diesmal wirklich kommen würden und wem eigentlich der Angriff gelte. Dabei lauschten sie auf den näher kommenden, steigenden Lärm der Abwehrgeschosse und auf das Surren der Nachtjäger, die in dichten Wellen wie ein Schutzschirm über ihren Hausdächern schwirrten.

Dann und wann ging einer der Diensthabenden in den Schleusengang und lauschte in die Nacht hinaus. Einige Melder waren unterwegs, um den Block zu beobachten.

„Es gilt nicht uns“, hieß es, als sie zurückkamen. „Sie kehren um.“

---

[9] Flugzeuge, die nachts angreifen

„Natürlich haben wir sie vertrieben."

„Mensch, da kommt doch keiner durch! So eine dichte Sperre liegt vor der Stadt. Sie sind besoffen, es überhaupt zu versuchen."

Wieder beneidete Paul seine Kameraden, die jetzt oben auf den Fliegerabwehrtürmen diese fremden, zudringlichen Flieger in Angst und Schrecken versetzen konnten und zur Umkehr zwangen.

Die diensthabende Wache kehrte zurück. „Es waren nur Moskitos, verdammte Störflieger, die uns unsere Nachtruhe nicht gönnen wollen."

Einige lachten und machten Witze. Andere dehnten und streckten sich. Das Abwehrfeuer schien trotzdem langsam näher zu kommen und in ihrer allernächsten Nähe einzusetzen. Es klang immer lauter. Einige traten hinter die Tür und lauschten, andere richteten sich auf, und plötzlich vernahmen alle ein deutliches Pfeifen. Es sauste mit einem bösartigen, höhnischen Ton unweit ihres Quartieres vorbei. Paul sah erwartungsvoll die andern an. Er wollte schon fragen, was das bedeute, denn diesen Ton hatte er noch nie so nah gehört, als ein ungeheurer Druck ihm die Brust zusammenschnürte, und noch bevor er wieder atmen konnte, krachte und splitterte es. Wieder klirrten Fensterscheiben. In unmittelbarer Nähe prasselte etwas laut stürzend in sich zusammen. Sie sahen einander an. Sogar die Stühle im Raum wackelten.

Der Diensthabende trat ein.

„Ist mal wieder gut vorbeigegangen. War noch ziemlich weit weg, aber immerhin schon in unsrer Straße."

„War das eine Explosion?" fragte Paulchen. Sein Atem, der ihm aus Brust und Kehle weggefegt worden war, kehrte zurück.

„Klar, Menschenskind! Haste denn das nicht gemerkt?"

Alle lachten. „Was dachtest du denn, was es sei?"

Die Brandwache trat ein. „Jungens, raus, ihr müßt

helfen! An der Ecke steht ein Häuserblock in Flammen. Brandbomben, diese Teufel."

Ein zweiter meldete. „Tommies am Abziehen."

Das Abwehrfeuer war schwächer geworden. Es verklang am äußersten Stadtrand, wo es begonnen hatte. Bald darauf, sie standen kaum draußen, setzte auch schon das Endsignal, die Entwarnung[10], ein.

Paul lief mit seinen Kameraden zum Brandherd. Während vor dem Angriff die Stadt in tiefschwarze Nacht gehüllt gewesen war, wurden jetzt alle Umrisse durch den Feuerschein erkennbar. Da und dort stiegen noch Leuchtraketen auf, weit herumkreisende Scheinwerfer suchten den Himmel ab und blendeten.

Autos mit Feuerwehrgeräten sausten durch die Straßen. Sanitäts- und Krankenwagen kreuzten hin und her.

Die Brandwachen mußten über ausgelegte Schläuche, durch seeartig überlaufende Pfützen steigen und springen. Hilfreiche Menschen schwirrten wie Ameisen aus einem zerstörten Bau von allen Seiten herbei. Da und dort sah man Leute Möbel tragen, Küchengeräte und Betten wurden am Straßenrand aufgestellt.

Das ist ja Brummels Haus, überlegte Paul. Er erschrak. Brummel wohnte oben im vierten Stock. Der Dachstuhl darüber stand bereits in Flammen.

Aus den Bunkern und Luftschutzkellern kamen die Leute und kehrten eilig in ihre Häuser zurück. Ihre Gesichter sahen erleichtert, beinah froh aus. Ringsum trat man auf Glasscherben. Es klirrte unter den Tritten. In den meisten Häusern waren alle Fenster zerschlagen, und überall zeigten sich Luftdruckschäden.

„Mensch", rief eine Frau aus dem Fenster des brennenden Hauses. „Laß mir ja keinen Löffel fallen, sonst müssen

---

[10] nach dem Fliegeralarm die Warnung aufheben (durch Sirenenton)

wir die Suppe spießen. So was ist heute nicht wieder zu ersetzen."

„Und du, Franz, paß auf, daß uns keiner was klaut", rief eine andere Frau.

Drei müde, weinende Kinder lagen auf einem Kanapee[11], das mitten auf der Straße stand, und schrien laut nach ihrer Mutter.

Paul beeilte sich. Er erreichte den Aufgang zur Köwelschen Wohnung. Der fünfte Stock war schon ausgebrannt. Paul drängte zur Haustür.

Jetzt wollte er an Brummel gutmachen, was er ihm am Nachmittag Übles getan. Er fühlte, wie der unterdrückte Teil seines Wesens sich zu strecken und zu erheben begann. Wir wollen eine gute Tat tun, flüsterte er ihm zu.

„Bleib man hübsch unten", sagte ein Hauptmann. „Du mußt nicht vor lauter Eifer in die Flammen rennen. Noch dazu ohne Rauchmaske. Es hat heute erwachsene Leute. Hier draußen gibt's für euch Jungvieh genug zu tun. Halte dort drüben Möbelwache."

Paul drehte den Kopf. „Herr Hauptmann", sagte er. „Da oben wohnt mein Lehrer. Darf ich ihm nicht helfen? Ich geh' nur bis zum vierten Stock."

„Wo hast du deine Rauchmaske?

„Hier!" Paul löste sie vom Gurt und hielt sie ihm hin.

„Setze sie erst auf. Soviel mußt du doch wissen", befahl der Hauptmann.

Paul stülpte die Maske über. In dem Augenblick sah er Herrn Köwel die Treppe herunterkommen. Er und seine Tochter trugen auf einem Korbstuhl Frau Köwel, die während des Alarmes im Bett geblieben war, anstatt den Luftschutzraum aufzusuchen. Vorsichtig balancierten sie mit ihr abwärts.

Der Hauptmann brüllte. „Ja, war die denn oben? Zum

---

[11] Couch, Sofa

Donnerwetter noch mal. Ihr seid selber schuld, wenn ihr euer Leben verliert."

„Sie ist gelähmt, Herr Hauptmann", antwortete Herrn Köwels sanfte Stimme. „Ich kann sie nicht bei jedem Alarm herunterschleppen. Wir würden nur mit unserm Zug die andern Mieter aufhalten."

Die traurige Karawane hatte die Straße erreicht. Herr Köwel und seine Tochter setzten den Stuhl mit der Mutter ab.

Frau Köwel saß mit ungeordnetem Haar in einem eilig umgeworfenen Morgenrock auf ihrem Stuhl und hielt sich krampfhaft an den Stuhlbeinen fest. Sie lächelte dem Hauptmann freundlich zu. „Wir sind überall in Gottes Hand. Wenn er will, schlägt er das ganze Haus zusammen und läßt mein Bett unversehrt. Aber er kann mich auch unten im Keller erschlagen, wenn er will", setzte sie lächelnd hinzu.

„Teufel noch mal. Das hat nichts mit Gott zu tun. Das ist Gott versucht", grollte der Hauptmann. „Außerdem habt ihr den Befehlen zu gehorchen und in den Keller zu gehen."

„Jawohl, Herr Hauptmann", sagte Herr Köwel ruhig.

Paul hatte sich bis zu ihm vorgedrängt. „Herr Köwel, ich geh' noch mal rauf und hol' Ihnen Sachen herunter. Was möchten Sie zuerst haben? Es ist doch schade, wenn alles verbrennt."

Herr Köwel schaute sich um. Er war ein wenig kurzsichtig und von der Katastrophe verstört. Er erkannte Paul in seiner Rauchmaske nicht gleich.

„Ach, du bist es", sagte er endlich zerstreut. „Der Richter. Aber wieso denn? Du gehörst doch ins Bett. Es ist schon weit nach Mitternacht."

„Herr Köwel, das war früher mal", lachte Paul, „wir haben Krieg", und froh darüber, Herrn Köwel helfen zu können, wollte er ins Haus.

Herr Köwel hielt ihn zurück. „Nein, das will ich nicht“, sagte er entschieden. „Im fünften Stock brennt alles. Du bleibst unten. Du bist ein lieber, wirklich ein lieber Bursche. Ich habe dich immer gern gehabt.“ Er machte eine Bewegung, als ob er Paul über das Haar streichen wollte, aber vor dem eisernen Helm zuckte die Hand zurück und fiel ins Leere.

Paul war schon auf der Treppe. Er nahm zwei Stufen auf einmal. Häufig mußte er sich an das Treppengeländer drücken oder warten, weil von oben Möbel hinuntergetragen wurden.

Herr Köwel lief ihm nach und blieb dicht an seinen Fersen. „Du gehst nicht bis zum Vierten! Hörst du? Ich bring' meinen Kram schon selber runter.“

„Aber ich habe Brandwache und bin dienstlich hier.“ Pauls Stimme klang militärisch.

Herr Köwel schwieg. „Was für Zeiten“, brummelte er. Er wagte nicht, Paul zu widersprechen. Paul war selber erstaunt gewesen, daß er schon beinah wie Heiner und Willy in diesem kurzen, festen Ton gesprochen hatte, um den er die anderen immer beneidete.

Aus allen Türen schleppten, rollten und schoben die Leute Hausgeräte und Möbel. Frauen warfen Betten und unzerbrechliche Gegenstände aus den Fenstern. Es schallte rings um ihn von Tritten, Rufen, Schreien und Befehlen. Die Feuerwehrschläuche verbreiteten immer mehr Nässe im Haus. Da und dort rannen schon Wasserbäche. Je höher er kam, um so beißender wurde der Rauch.

Hinter ihnen keuchte eine Frau. „Je, Herr Köwel“, rief sie, „lieber bester Herr Köwel. Gehen Sie bitte noch einmal in meine Küche. Ich habe im Schrank hundert Gramm Fleisch liegen. Ich hatte mich so darauf gefreut, es zum Sonntag zu essen.“

„Aber Frau Baumgarten, Ihre Küche brennt schon.“ Herr Köwel versuchte die Frau zurückzudrängen.

„Das Fleisch, das Fleisch“, jammerte die Frau. „Bedenken Sie doch. Es sind hundert Gramm. Ich wollte sie braten. Ich habe zwei Stunden darum angestanden. Es ist Kalbfleisch.“

Auf der nächsten Treppenbiegung fühlte sich Paul am Bein festgehalten. Unter ihm auf dem Treppenabsatz stand eine andere Frau. „Du Hitlerjunge“, rief ihre klagende Stimme, „geh in den Dritten links und such noch einmal nach meiner Katze. Vielleicht hat sie sich in der Küche unter den Herd verkrochen. Dort sitzt sie meist. Sie hat sicher Angst. Sie muß nämlich noch in der Wohnung sein.“

Paul drehte sich um. „Lassen Sie mich los“, rief er. „Ich will Ihre Katze suchen, aber zuerst muß ich zum Vierten. Wenn ich zurückkomme, bringe ich sie Ihnen.“

Endlich stand er vor Köwels Tür. In der Wohnung wogten schon grauschwarze Rauchwolken. Ein Luftschutzmann kam aus der Tür.

„Da ist nicht mehr viel zu wollen“, rief er und drängte Paul zurück. „Die Bücher und den vielen Schreibkram hab' ich zum Fenster rausgeschmissen. Die Decke ist durchgestürzt. Der Boden hat bereits Feuer gefangen. Mach, daß du wegkommst.“ Er faßte Paul an den Schultern und drehte ihn auf dem Absatz herum. Dann hieß er ihn schneller die Treppe hinuntersteigen, als er heraufgekommen war.

Paul wand sich behend, drehte sich unter den zufassenden Händen, entschlüpfte ihnen und sprang über die Köwelsche Schwelle in den Flur.

„Hier ist ja noch etwas“, rief er, riß einen Mantel vom Nagel, einen Hut und ein Paar Stiefel, die auf einem Schemel darunter standen.

In dem Augenblick durchbrach ein heller Schein den Qualm. Das Feuer, das langsam von oben herunterschwelte, hatte im Zimmer neue Nahrung gefunden und flammte auf. Der Rauch teilte sich, und Paul sah in der Ecke des Flures einen Radiokasten stehen.

„Hier“, rief er, „hier“, warf sich den Mantel über die Schulter, stülpte den Hut auf den Helm, klemmte die Schuhe zwischen Hüfte und Arm und versuchte mit beiden Händen den schweren Kasten aufzuheben.

Inzwischen hatte sich auch Herr Köwel bis zum vierten Stock durchgedrängt. Leise stöhnend und kurzatmig stand er neben der Tür. Hinter ihm jammerte die Frau noch immer nach ihrem Fleisch. Sie schien völlig den Verstand verloren zu haben.

„Paul“, rief Herr Köwel, „willst du wohl kommen? Was liegt an dem Kram, solange wir unser Leben retten konnten. Morgen oder übermorgen werden wir vielleicht auch das verlieren.“

„Herr Köwel“, rief Paul eifrig. „Das Radio müssen Sie retten. Es ist wertvoll.“

„Was? Ausgerechnet den Lügenkasten?“ Aber Herr Köwel hatte sich trotzdem gebückt und versuchte Paul den Kasten aus der Hand zu nehmen.

„Sie können ihn verkaufen und etwas anderes dafür eintauschen, wenn Sie ihn nicht haben wollen“, fuhr Paulchen atemlos fort. „Dann haben Sie nämlich gar kein Radio, das ist viel besser.“

Ein Luftschutzmann, der noch immer in der Köwelschen Wohnung herumhantierte, gab Paul zwei Kannen und eine Büchse in die Hand. „Da sind noch Milch und Zwieback drin, und jetzt marsch ab mit dir“, rief er.

Da erinnerte sich Paul, daß er auch noch die fremde Katze retten sollte. Er verstaute die Lasten, so gut es ging, und als er im dritten Stock auf dem Treppenabsatz war, nahm er die Rauchmaske aufatmend ab und wischte sich den Schweiß von Kopf und Gesicht. Unten stand noch immer die Besitzerin der Katze und hielt den Kopf wartend erhoben. Immer mehr Nachbarn, Hitlerjungen, Feuerwehrmänner und verängstigte Hausbewohner drängten mit Möbeln und Hausgerät auf der Treppe zusammen. Sie kamen aus allen Wohnungen zugleich.

„Meine Katze“, schrie es von unten. „Junge, denk an meine Katze!“

Paul ließ Herrn Köwel vorausgehen und trat in die Wohnung. Sie war schon völlig ausgeräumt. Es gab kaum noch ein Versteck. Nirgends sah er eine Katze. Wie er in die Küche trat, ging das Licht im ganzen Haus aus. Es wurde dunkel. Er hörte nur noch das Trappsen und Stampfen der Leute, das Schieben und Krachen der Möbelstücke, das Knistern des Feuers über sich, das Rufen der Leute draußen, und irgendwo in seiner Nähe rieselte Wasser.

Endlich vernahm er einen leisen, kläglichen Ton, und bald darauf fühlte er an seinen Beinen, oberhalb der Stiefel etwas entlangstreichen. Er griff in die Dunkelheit und tastete darin umher. Gleich darauf faßte er etwas Felliges, Schmales. Es mußte ein Katzenschwanz sein. Er wagte nicht, die anderen Gegenstände, die er fest mit der linken Hand an sich preßte, niederzusetzen, aus Angst, sie dann nicht wiederzufinden. Es war Herrn Köwels Eigentum, und im Krug war sogar noch Milch.

Kurz entschlossen, packte er mit der rechten Hand den Schwanz und zog die Katze rasch hoch. Sie schrie vor Schreck entsetzlich, sprang ihn an und krallte sich in sein Gesicht. Er bedauerte, daß er die Rauchmaske abgelegt hatte, hielt die Katze fest und suchte unsicher tastend die Ausgangstür. Glücklicherweise ging in dem Augenblick das Licht wieder an, und er gelangte auf den Flur.

Aus dem vierten Stock stürzten jetzt ziemlich kräftige Wasserbäche. Die Treppe war nur noch eine sumpfige, glitschige Rutschbahn.

Herr Köwel kam ihm bis zum zweiten Stock entgegen. Schon von weitem streckte er die Hände nach Paul aus.

„Aber, wie siehst du denn aus?“

Pauls Gesicht war zerkratzt. Die Katze, die nicht wußte, was ihr geschehen, verwirrt von den vielen Menschen, von dem rauchig beißenden Geruch betäubt, krallte sich immer wieder an ihn.

Die Frau unten jauchzte. „Er hat sie. Er hat meine Mautze, meine Mautze.“

Beim Ton der bekannten Stimme beruhigte sich die Katze ein wenig. Neugierig schaute sie abwärts und ließ ein vorwurfsvolles Miauen hören.

Paul war froh, sie gleich darauf in die Hände ihrer Herrin geben zu können. Erst hier sah er das Tier näher an. Es war eine magere, schwarze Katze.

Herr Köwel ergriff Pauls Hand und zog ihn aus dem Haus zum Fußsteig hinüber, auf dem Frau Köwel noch immer auf ihrem Korbstuhl saß, schon ziemlich zusammengesunken von dem langen aufrecht Sitzenmüssen. Die Nachbarn hatten einige der geretteten Möbelstücke rechts und links von ihr aufgebaut.

„Wenig ist es, sehr wenig“, sagte sie mit einem Blick auf Herrn Köwel; Betten und Zudecken waren von oben heruntergeworfen worden, und sie lagen nun schmutzig daneben. Herrn Köwels Bücher und Hefte wurden noch immer von diensttuenden Jungens zusammengesucht und aufgeschichtet.

Paul hatte sich, wie auf einen Schemel, auf dem breiten großen Radiokasten niedergelassen. Er betrachtete aufmerksam seinen alten Lehrer. Das Gesicht war beschmutzt und rußig, der Rock naß und unansehnlich vom Regen, der noch immer herunterrieselte. Die Hände zitterten, und das Haar hing in Strähnen über seine Stirn.

„Herr Köwel“, sagte Paul langsam. „Jetzt sollten Sie weggehen, weit weggehen und nie mehr in unsere Schule kommen. Überhaupt nie wiederkommen.“

Der Lehrer, vom Klang in Pauls Stimme betroffen,

blickte auf. „Aber, aber", fragte er, und dann nochmals, „aber wieso denn?"

„Er meint, weil wir ausgebombt sind", ließ sich Frau Köwels Stimme hören.

„Nein, das meint er nicht", sagte Herr Köwel mit fester Stimme. Er sah Paul noch immer fragend an.

„Und das Radio sollten sie sofort verkaufen. Sie erschießen jeden, der Feindradio hört."

Paul schwieg. Sollte er nicht lieber ehrlich und offen erzählen was geschehen war?

Zahlreiche Lastwagen und Omnibusse rollten an, hupten und verdrängten die Leute vom Fahrdamm. Die Menschen liefen zusammen. Sie wollten die Möbel abtransportieren. Die ausgebombten Bewohner eilten zu den Omnibussen, um wegzufahren.

„Was sagst du?" fragte Herr Köwel. Es wurde immer schwerer, einander zu verstehen.

„Straße frei für den Verkehr", rief es aus dem Lautsprecher eines Wagens.

Eine Verpflegungskolonne mit heißen Suppen und Kaffee stellt sich neben ihnen auf. Jetzt strömten immer mehr Menschen zwischen sie. Herr Köwel und Paul konnten nicht länger ruhig zusammen sprechen.

Endlich war Herr Köwel wieder neben Paul. „Was meinst du eigentlich?" fragte er mit einem ernsten, forschenden Blick.

Paul zuckte verlegen zusammen. Wieder versagte seinem besseren Ich die Stimme. Die Angst war zu groß.

„Ich meine nur so", antwortete er kleinlaut. „Ich habe kürzlich gelesen, daß sie die Leute erschießen, wenn sie Feindradio hören."

„Das habe ich auch gelesen", antwortete Herr Köwel ruhig. „Es ist heute sehr leicht, sein Leben zu verlieren."

Es klang, als habe Herr Köwel ein sehr ruhiges Gewissen. Paul konnte nicht weitersprechen. Alle Leute balancierten mit Kaffeeschalen und schrien durcheinander. Jeder schlürfte den heißen, stärkenden Trank.

Ein Offizier ging zwischen den einzelnen Gruppen umher und teilte die verschiedenen Familien ein, um sie in ihre Notquartiere zu überweisen.

„Ich bin so müde und möchte gern liegen", klagte Frau Köwel, die immer mehr zusammensank.

Paul springt auf. „Ach, Frau Köwel", ruft er plötzlich, von Mitleid und neuer aufsteigender Gewissenspein gepackt. „Kommen Sie mit zu uns. Es ist gleich um die Ecke. Wir können Sie tragen. Sie bekommen mein Bett. Es ist auch noch ein Sofa in der Küche, wenn der Herr Köwel auch ..." Er erschrickt und bricht ab. Schon bereut das zweite, unterdrückte Ich, was das bessere wollte. Er überlegt rascher. Wenn er, Paul Richter, seinen Lehrer Köwel mit zu sich in die Wohnung nimmt, denselben Lehrer, den er am Nachmittag als unzuverlässigen, verdächtigen Volksgenossen angeprangert hat, macht er sich dann nicht mitschuldig? Zum mindesten wird er verdächtig sein. Die Reit- und Fahrschule, das Verlangen, Pilot zu werden, die motorisierte Armee, werden sie dadurch nicht wieder in Frage gestellt? Dieselbe strenge Hand, die ihn am Morgen vorwärts riß und ihm das Reden erpreßte, greift aufs neue nach ihm. Dieser Gedanke ist so beängstigend, daß er den Satz nicht ausspricht und sich verlegen abwendet.

Schon ist der Transportleiter auf Herrn Köwel zugetreten und fordert ihn auf, in einen der bereitstehenden Omnibusse zu steigen. Paul muß seinen Satz nicht zu Ende sprechen. Die gute Tat bleibt ungetan.

Frau Köwel erhebt sich mühsam und humpelt am Arm ihres Gatten und der Tochter zum Wagen.

Die anderen ließen ihr willig den Vortritt und nickten der kranken Frau freundlich zu.

„Ihr muß man ein recht gutes Bett geben", hieß es. „Die Arme, zu allem Unglück auch noch gelähmt."

„Sie kommt in ein Spital", rief der Transportleiter. Das beruhigte alle. „Habt ihr gehört? Sie kommt in ein Spital. Das ist gut. Da vergißt sie den Schock. Da kann sie ausruhen."

Unter der Autotür drehte sich Frau Köwel nochmals um und suchte Paul. „Paul", rief sie und winkte ihm mit ihren mageren Armen, „in welchem Bett ich heute nacht auch schlafe, ich nehme es als das deine und sage dir Dank."

Auch Herr Köwel war am Einsteigen. Er streckte Paul beide Hände hin. Weil dieser den Helm abgenommen hatte, holte er seine Bewegung der Zärtlichkeit nach und strich ihm über das Haar. Paul zuckte zusammen. Die Hand brannte wie Feuer auf seinem Kopf.

„Herr Köwel", rief er, „nicht wahr, Herr Köwel, Sie werden weit weggehen von hier."

„Aber, aber", beruhigte Herr Köwel. „Was soll dann aus euch werden? Bin ich denn so unbeliebt?"

„Nein, nein", schrie Paul. Er konnte seine Tränen nicht länger zurückhalten und schluchzte laut auf.

„Da sieht man, wie nervös die Jugend bei diesem Nachtdienst wird", brummte ein Mann, der hinter Herrn Köwel nachstieg und sich zwischen ihn und Paul schob.

„Geh sofort ins Bett", rief Herr Köwel. „Ich gebe dir morgen den ganzen Tag schulfrei. Schlafe dich richtig aus."

Die Tür wurde zugeschlagen. Der Chauffeur gab Gas und hupte, um die Straße freizubekommen.

„Ich habe aber noch Dienst", rief Paul. Er raffte sich wieder zu der militärischen Haltung auf, die zu seiner Uniform gehörte, und stülpte den Helm über.

Bestimmt geh' ich morgen nicht zur Schule, überlegte er. Auch übermorgen nicht. Ich werde mich krank melden. Ich will nicht dabeisein, wenn sie ihn verhaften und abführen. Ich will gar nichts davon erfahren.

Er sah dem davonrollenden Auto nach.

Herr Köwel hörte nichts mehr. Er sah auch Paul nicht. Seine Augen hatten sich verschleiert.

„Gottes Heimsuchungen sind furchtbar, und er wird uns noch mehr, noch viel mehr heimsuchen", stöhnte er.

Der Wagen schütterte, und der Motor knallte in wiederholten Fehlzündungen. Trotzdem hörte sein Nebenmann diese Worte. Er beugte sich zu Herrn Köwel.

„Sind Heimsuchungen nicht dazu da, die Menschen aufzurütteln und zu bessern? Ich habe gehört, daß Sie Schulmeister sind. Vielleicht wissen Sie es? Ich habe das alles schon lange wieder vergessen."

Herr Köwel sah ihn mit seinem freundlichen, sanften Lächeln an. „Zu bessern?" fragte er. „Ja, aber nur diejenigen, die gut sein können und wollen. Die meisten werden immer nur Menschen bleiben."

„Aber Sie sind doch Lehrer", fuhr der Mann hartnäckig fort. „Sie könnten der Jugend beibringen, daß sie gut wird, besser und gerechter, verstehen Sie. Sie können sie ja dazu erziehen, daß sie weniger Schuld und Grausamkeit anhäufen als wir Alten."

Herr Köwel sieht ihn an. Er will etwas sagen. Er öffnet den Mund. Er hat es schon auf den Lippen. Es sieht aus, als würde er ihm sogleich ein verzweifeltes „Nein!" entgegenschleudern. Nein, nein, das kann ich nicht, denkt er gequält. Ich darf ja nicht sagen, was ich gut und richtig finde. Ich kann nicht mehr das tun, was ich will. Das möchte er laut wie eine Anklage herausschleudern, aber dann sinkt er wie gefesselt hilflos zusammen und schüttelt den Kopf. Leise, aber mit sehr viel Wärme sagt er nur: „Ich tu', was ich kann."

Paul sitzt am Küchentisch.

Im Tisch ist eine Schublade, in der seine kleinen Besitztümer eingeräumt sind. Er kramt darin. Er sucht etwas. Es muß in einem alten Schulheft liegen. Endlich findet er es. Es ist ein Brief. Er trägt eine schwedische Marke. Vor einigen Jahren, als noch kein Krieg war, kam dieser Brief aus Kiruna, der Stadt mit den großen Eisenerzgruben, demselben Erz, aus dem heute ihre Kanonen gemacht sind.

Kürzlich hat Paul in einem Kino Bilder aus Kiruna gesehen. Er sah, wie Männer das Eisenerz losschlugen, in große Loren füllten, die in langen Erzzügen zur Verladung fuhren, um zu Wasser oder zu Lande bis zu ihnen in die großen Waffenschmieden des Reiches zu kommen.

Paul zieht den Brief aus dem Umschlag und faltet ihn auseinander. Er ist von seinem Freund Erwin, der früher rechts im ersten Hinterhaus von Nummer 67 wohnte. Erwin hatte viele Fragen an Paulchen gerichtet, denn Nummer 67 ist ihre gemeinsame Heimat, in der sie geboren wurden und heranwuchsen. Erwin scheint Heimweh zu haben.

Jetzt setzt Paul sich hin, zieht einen weißen Bogen hervor, und langsam und nachdenklich schreibt er:

Lieber Erwin, ich hätte Dir sehr viel zu erzählen, denn bei uns ist viel geschehen. Nummer 67 ist noch so, wie es immer war. Das Treppengeländer ist noch immer entzwei, und im Hof stehen noch mehr Abfalleimer herum. Auch die Zimmer sind noch nicht wieder neu tapeziert worden, aber nach dem Krieg, wenn wir ihn endlich gewonnen haben, dann wird alles umgebaut werden, und dann wird es keine schäbigen Mietshäuser mehr geben. Wir werden alle ein Bad bekommen und viele Balkons mit Blumen und Gärten, denn dann sind wir endlich das Großdeutsche Reich und gehören nicht mehr zu den Habenichtsen, sondern werden durch unsere vielen Eroberungen mächtig und reich sein.

Erinnerst Du Dich an unsern Lehrer, den Brummel? Der war leider gegen den Krieg und hielt unsere Eroberungen für falsch. Darum haben sie ihn jetzt davongejagt und ins

Gefängnis gesteckt. Einige erzählen sogar, sie würden ihn aufhängen oder erschießen, denn er hat sehr gefährliche Sachen gesagt und an unserer Führung Kritik geübt. Das ist streng verboten. Du weißt ja, er brummelte immer gern so irgend etwas vor sich hin. Und jetzt haben sie ihn dabei erwischt.

Zwei Tage vor seiner Verhaftung ist ihm noch die ganze Bude ausgebrannt. Das Haus wurde nämlich durch Brandbomben zerstört. Ich habe löschen geholfen und mit ausgeräumt. Ich war in der Wohnung, als die Decke schon brannte. Wir konnten leider nicht mehr viel retten. Es war schon zu spät. Wo nun die Frau Brummel und ihre Tochter und die Kinder sind, das weiß ich nicht, denn ich habe zu der Zeit in der Schule gefehlt, und eine Woche später bin ich auf die Reit- und Fahrschule geschickt worden. Das ist eine besondere Auszeichnung. Es war großartig dort. Es kommen nur die dorthin, die Führerqualitäten haben und später befördert werden. Jetzt kann ich also reiten, chauffieren, Traktoren fahren, weiß überhaupt mit allen Motoren Bescheid. Nächstes Jahr will ich mich zu den Fliegern melden. Denn ich möchte mithelfen, unsere Feinde kleinzukriegen, und bald erleben, daß wir reich und mächtig werden. Ich kann es kaum erwarten.

In der Schule haben wir einen neuen Lehrer. Der war schon im Krieg und hat einen Holzarm. Seine rechte Hand ist aus Holz, aber mit Hilfe einer eingebauten Mechanerie ist die Hand beweglich wie eine richtige Hand. Nur hat er kein Gefühl darin. Wenn wir ihm die Hand geben, merkt er es nicht. Der Jochen hat gesagt, man kann ihn sogar saumäßig drücken. Er hat's versucht. Der merkt nichts. Aber er ist verteufelt streng und nicht so sanft und freundlich wie unser alter Brummel. Jeden Morgen läßt er uns dreimal aufstehen und niedersetzen, und dazwischen müssen wir strammstehen und sagen: „Deutschland voran. Sieg Heil, Sieg Heil, Sieg Heil." Er hat nämlich selber alle

Siege miterrungen, damals, als wir Polen und Frankreich niederwarfen und einsteckten und lauter Blitzsiege machten. Das war prima. Du hast sicher davon gehört. Jetzt ist es etwas schwieriger geworden. Aber wir schaffen es trotzdem. Wir haben ja auch schon genug erobert und fest in der Hand. Das können sie uns nicht wieder nehmen. Wir rücken es nie mehr raus.

Ich habe nur noch eine Bitte an Dich. Weißt Du vielleicht, wo Mirjam hinkam? Ich muß oft an sie denken. Es war nett, mit ihr zusammenzusein. Obgleich wir sie manchmal ekelhaft gejagt und geärgert haben, damals, als wir ihr den Hund wegnahmen[12]. (Lebt das Biest eigentlich noch?) Sie hat es uns nie nachgetragen und alle Schuld auf sich genommen. War doch ein anständiger Kamerad, die Mirjam. Schreib mal, wenn Du etwas von ihr weißt. Das Schild „Zum Maskenverleih“ und den Namen der Tante haben sie übermalt. Es kommt aber bereits wieder zum Vorschein. Der neue Verputz hält nicht gut. Ich hoffe, es geht Euch wohl. Grüße Deine Eltern. Und ich

bin immer Dein alter Freund Paulchen

Nachsatz: Habe zwei Kaninchen. Sie heißen Ewi und Mi. Kannst Du Dir denken, was das bedeutet? Mi ist schwarz, und Ewi ist rotblond. Ich meine, ihre Felle sind von der Farbe. Aber ich will es Dir nicht zu leicht machen, denn es ist ein Rätsel. Hier in Nummer 67 von der ganzen Bande hat es noch keiner erraten. Sie denken, es seien nur fünf zufällige Buchstaben.

Vier Wochen später bekommt Paul eine Antwort.

„Donnerwetter“, ruft er entzückt. „Erwin hat den Brief sogar mit Luftpost geschickt.“

Sorgfältig öffnet er den Umschlag, um die Marke nicht

12 Bezieht sich auf die Erzählung „Streit um Piddel“

zu verletzen. Dann legt er ihn in ein Glas Wasser, damit sie sich langsam löst. Er faltet den Bogen auseinander und liest.

Liebes Paulchen, uns geht es gut. Ich verlasse dieses Jahr die Schule. Du sicher auch. Vater will, daß ich in Stockholm oder Upsala studiere. Ich bin schon ziemlich erwachsen und sehr groß. Ich bin ein Meter siebzig und sehr kräftig.

Von Mirjam bekam ich einen Brief aus Amerika[13]. Sie ist aber schon wieder auf dem Weg nach Europa. Sie hat einen neuen Vater und eine neue Mutter. Es scheint eine ganz tolle, abenteuerliche Sache zu sein. Eine Adresse habe ich nicht von ihr. Dort, wo Krieg ist, ist alles unsicher und gibt es keine Zuflucht mehr, auf die man sich verlassen kann. Alles verändert sich ja immerzu oder stürzt zusammen. Vater sagt, so ungefähr müßte es auch im Dreißigjährigen Krieg gewesen sein oder bei der Völkerwanderung. Er glaubt nicht, daß man sich durch einen Krieg bereichern kann. Die Menschen würden zum Schluß wie die Lappen nur noch in Zelten wohnen oder in einem Planwagen umherziehen. Mirjam hat mir darum eine andere Adresse gegeben. Die, meint sie, würde beständig bleiben. Es ist die Schweiz. Du weißt ja, dort halten sie sich fern vom Krieg und machen nicht mit. Sie ist darum eine große Zuflucht geworden für viele, die ohne Heimat sind. Ein neuer Freund von ihr, den ich auch noch nicht kenne, aber auf den sie große Stücke hält, wohnt dort. Er heißt Hans Suter. Seine Adresse ist Buchillon, Genfersee. Es soll ganz nahe bei Genf sein. Vielleicht ist es eine Art Rotes Kreuz, aber privat. Ich weiß es nicht. Merke Dir diese Adresse und den Namen. Über sie kannst Du Mirjam erreichen, wenn es einmal nötig ist. Mirjam läßt alle ihre Post dahin kommen. Wenn ich von Kiruna weggehe, kannst Du mich

---

[13] Der Brief steht in dem Band „Mirjam in Amerika".

auch dort erreichen. Ich mache es zu meinem „Poste restante“. Hinterlasse mir auf alle Fälle Bescheid, wenn du einmal aus Nummer 67 weggehst, damit wir uns wiederfinden können. Du kannst es auch in den alten, großen Baum ritzen. Ich glaube, es war eine Kastanie. Sie stand neben dem Sandhaufen bei der Bank in den Anlagen, in denen wir damals nicht Fußball spielen durften. Ich hoffe, solchen schönen, alten Baum lassen sie stehen.

Dein Freund Erwin

Nachsatz. Daß unser guter alter Brummel so ins Unglück kam, hat mir sehr weh getan, auch meinem Vater. Er kann sich noch gar nicht beruhigen deshalb, denn er sagt, das sei ein rechtschaffener, wackrer Mann gewesen.

Zweiter Nachsatz: Kann mir denken, daß Du ziemlich stolz bist. Gib acht, daß du nicht stürzest und dir womöglich den Hals brichst. Ich kann weder reiten noch chauffieren. Dagegen kann ich jetzt prima skifahren und habe schon Preise gewonnen. Ich will mich später zu Skirennen melden und wettlaufen.

Dritter Nachsatz. Ich danke Dir für das Rätsel. Sollte ich mir demnächst ein Kaninchen anschaffen, werde ich es „Pa“ oder „Pau“ nennen. Dann sind wir Kaninchen wieder vollständig vertreten. Kapiert?

Nochmals und endgültig Schluß. Erwin

Als Paul zurückkam, trug er neue Stiefel, höher und fester als die alten. Sie reichten bis zu den Knien und hatten Sporen. Er besaß eine neue Uniformmütze, eine Autobrille und Stulpenhandschuhe. Dazu Abzeichen an der Uniformjacke, die seine steigenden Würden erkennbar machten.

Aber die Gesichter um Paul schienen indessen düstrer und müder geworden zu sein. Manche starrten sogar sonderbar ärgerlich, mißgelaunt und verzweifelt vor sich hin.

Mehr und mehr hatten Pauls Brüder die Fähnchen des Reiches im Osten zurückstecken müssen. Schon lag der Kaukasus, der einmal der Stolz ihrer Eroberungen gewesen war, weit von den Linien entfernt, an denen sie jetzt standen. Der Name „Stalingrad", die große verlorene Schlacht, der Wendepunkt ihres siegreichen Krieges, hatte wie eine Faust alle Prophezeiungen und Siegesträume zunichte werden lassen. Wie ein Stöhnen lag dieser Name noch immer auf allen Lippen. Die Menschen sahen sich fragend, mit entsetzten Gesichtern an. Sie sprachen leiser, wenn sie von „Stalingrad" redeten. Sie versuchten sich gegenseitig Mut zu machen. Denn sogar dieses unglückliche Stalingrad lag schon wieder weit zurück, und sie mußten jetzt um Flüsse kämpfen, die lange ihr fester Besitz gewesen waren.

Traurig starrte Paul auf die vielen leeren Stecknadelstiche, die im weiten russischen Raum vor den zierlichen, kleinen Triumphfahnen klafften, und immer häufiger wurde er von Herrn Köwels Stimme heimgesucht, obgleich er sich mühte, die Erinnerung an den alten Lehrer zu verdrängen. „Schon Napoleon, einer der größten Feldherrn, scheiterte in Rußland."

Paul wußte nicht, was aus Herrn Köwel geworden war. Keiner sprach von ihm, und er wagte nicht zu fragen. Es war besser, nicht nachzudenken. Er trug noch immer jenen Leim an den Sohlen, der ihn auf der einmal eingeschlagenen Straße zwischen den andern festhielt.

Wieder war es ein trüber, rieselnder Novembertag. Drei Nächte lang hatte Luftalarm mit schweren Bombenangriffen in südlichen und westlichen Stadtteilen Paul am Schlaf gehindert. Drei Nächte hatte er ständig im Mannschaftsquartier oder unterwegs verbracht. Er war als Meldeläufer durch brennende Straßen gerannt, hatte Wasserschläuche dirigiert und bis zum Morgen in sengender Hitze, auf Dächern angeklammert, den Strahl zu lenken versucht.

Jetzt ist er müde, schmerzhaft müde, und möchte schlafen. Er weiß, daß er am Abend endlich einmal dienstfrei hat, aber vorher muß er noch mit andern Jungmannschaften einen Pferdetransport von einem Verladebahnhof nach dem andern durch die Stadt führen, denn die Bahnverbindung zwischen den beiden Bahnhöfen ist durch Bombenkrater zerstört.

Die Jungmannschaft teilte sich die Tiere in Dreier- und Vierergruppen, koppelte sie zusammen, und ein Bursche bestieg jeweils das beste als Reittier. Auf dem vorgeschriebenen Weg führten sie die Pferde durch die Straßen.

Sie ritten im Schritt, achteten sorgfältig auf alle angekoppelten Nebentiere, wichen den Fahrzeugen und Trambahnen aus, vermieden große Schutthalden sowie Bombenkrater oder die gefährlich herunterhängenden Fahrleitungen der Trambahnen.

Die Stadt bot einen grausigen Anblick der Zerstörung. Sogar die Bäume in den Anlagen waren geborsten und gefällt. Nur Stümpfe und armselige Krüppel ragten noch aus den Parkanlagen. Lange Straßenzeilen waren dach- und fensterlos.

Während Paul auf seinem Tier durch eine Vorstadtstraße unweit des Bahnhofs reitet, sieht er vor sich einen Mann gehen. Er geht gebückt und trägt einen abgerissenen, ziemlich schäbigen Überzieher. Darunter baumelt der dunkelblaue, beschmutzte Overall eines Monteuranzuges. Grauweißes Haar weht im Winde, und vom feinen Nieselregen naß, klebt es in ungleichen Strähnen zusammen, denn der Mann trägt keinen Hut.

Paul gibt seinem Tier die Sporen und versucht rascher vorwärts zu kommen, um diesen Mann einzuholen. Es ist doch Brummel! Er war also nicht erschossen worden.

Bald hat Paul den Mann eingeholt. Bei dem lauter werdenden Klappern der Pferdehufe, die unerwartet an sein Ohr schlagen, schaut er auf. Er scheint tief in Gedanken zu sein und seine Umwelt nur undeutlich wahrzunehmen. Er blickt nach Paul, aber er erkennt ihn nicht, denn er müßte den Kopf heben, um Paul auf dem hochgebauten Roß über sich genau zu erkennen. Und eben dieses Kopfheben scheint ihm Unlust zu bereiten.

Paul gibt sich große Mühe, einen guten Eindruck vor dem einstigen Lehrer zu machen. Aber dieser erkennt ihn immer noch nicht, und Paul zögert, ihn anzurufen. Schon meldet sich wieder die Schwäche, die ihn hindert, das zu tun, was sein Herz eigentlich will. Am liebsten hätte er angehalten, sich vom Pferd heruntergebeugt und Brummel beide Hände entgegengestreckt, um ihn zu begrüßen. Aber er ist im Dienst. Vor und hinter ihm befinden sich die andern Reitmannschaften. An der Spitze und am Ende reiten Vorgesetzte.

Schließlich ruft er doch. Es klingt fast verzweifelt, rasch wie etwas Verbotenes und Heimliches. „Herr Köwel!“

Der Mann neben ihm hebt endlich den Kopf.

Vor ihnen kreuzt in dem Augenblick ein Tram die Straße. Das ist für Paul Grund genug, sein Pferd zum Stehen zu bringen. Auch Brummel muß stehenbleiben. Aber von dem unerwartet jähen Ruck seines Reiters verwirrt, bäumt sich das Pferd, beginnt sich zu drehen, zu tänzeln und zu bocken. Die angekoppelten Pferde werden unruhig, beginnen zu reißen, zu zerren und nach verschiedenen Richtungen zu streben. Jetzt muß Paul seine ganze Kraft aufbieten und zeigen, was er kann. Dabei scheint endlich ein Erkennen über das Gesicht des Mannes zu gehen. Seine Lippen öffnen sich. Er will einen Ruf ausstoßen, etwas sagen. Er hebt beide Arme, doch als besänne er sich eines andern, läßt er die Arme gleich darauf wieder fallen, dreht den Kopf zur Seite und rennt beinah erschrocken weiter. Ja, er drängt sich geradezu eilig zwischen die Passanten und sieht sich nicht um. Paul kann von der Höhe seines Rosses aus nur noch sehen, wie Brummel in einem Mietshaus verschwindet.

Als der Zug wieder in Ordnung und gleichmäßigem Trab weiterzog und Paul an dem Haus vorüberritt, war der Lehrer nicht mehr zu sehen. Paul merkte sich Haus und Hausnummer und beschloß zurückzukehren. Unten war ein Laden mit zwei leeren Schaufenstern. Die eine Scheibe war zersprungen und mit Brettern vernagelt.

„Also dort wohnt er.“

Die Dämmerung lag schon über der Stadt, als sie entlassen wurden.

„Geht sofort heim oder in die Mannschaftsquartiere“, befahl der Transportleiter. „Sie kommen wieder heute nacht. Sind schon gemeldet. Keiner darf noch lange auf der Straße sein.“

Aber anstatt heimzufahren, lief Paul zu dem Haus, in dem Brummel verschwunden war. Er mußte eine Taschenlampe zu Hilfe nehmen, um die Namensschilder an der Tür zu erkennen. Kein Köwel befand sich dabei.

„Wen suchst du denn?“ fragte ein Mann, der im Begriff war, ins Haus zu treten.

„Wohnt hier ein Herr Köwel?“

„Ist das der neue Arbeiter aus der Karosserie drüben, mit seiner Tochter und den beiden Gören?“

„Ja“, sagte Paul. „Ja vielleicht. Er hat eine gelähmte Frau.“

„Nein, eine Frau hat er nicht. Aber geh nur weiter und frag selbst. Sie wohnen im Hof rechts unten. Bei Wolters in Untermiete. Haben nur ein Zimmer.“

Paul eilte über den Hof. Also in einer Autokarosserie mußte Herr Köwel arbeiten. Konnte er das überhaupt? So zart, wie er war. Als Paul vor der bezeichneten Wohnung stand, sah er Licht in einem Eckzimmer. Es war noch nicht verdunkelt. Der ganze Raum lag übersichtlich vor ihm. Drin stand Brummel. Er hatte die Schuhe ausgezogen und stellte sie soeben neben einen alten Kanonenofen zum Trocknen auf. Er trug noch immer den blauen, verwaschenen Overall. Die zwei Kinder spielten mit Bausteinen auf dem Fußboden. Die Tochter räumte den Tisch ab. Frau Köwel war nirgends zu sehen.

Paul erschrak. Sicherlich war sie tot. Vielleicht war sie vor Kummer und Schreck gestorben. War er schuld? Immer lauter stieg die Frage in ihm auf. War er schuld?

Die Tochter trat zum Fenster und wollte den Verdunkelungsvorhang herunterlassen. Da erkannte sie Pauls Schatten hinter der Scheibe. Erstaunt beugte sie sich näher. Paul vergaß sich zu regen. Er dachte auch nicht daran, sich zu entfernen.

„Hallo“, hörte er, „da steht jemand.“ Sie versuchte den Fensterriegel wegzuschieben, um das Fenster zu öffnen. Paul preßte seine Nase nur noch fester an das Glas.

„Ich bin's, der Paul Richter.“

Er hörte Brummels Stimme. „Der Richter, weißt du, das Paulchen, der Kleine aus der Nummer 67.“

Paul zuckte ärgerlich zusammen. Warum Brummel wohl immer von ihm als von „dem Kleinen“ sprach. Das kränkte ihn. Die andern Lehrer nannten ihn alle „Sie“. Jetzt stand er noch dazu in der Uniform draußen.

Die Tochter hatte das Fenster geöffnet.

„Willst du was?“ fragte sie ruhig, ohne irgendein Zeichen freudigen Erkennens. „Warum stehst du da?“

„Ich will gar nichts“, sagte Paul und schob seinen Kopf durch das geöffnete Fenster. „Ich hab' Sie bloß vorhin gesehen, Herr Köwel“, stammelte er. „Und da hab' ich mich so gefreut.“

Der Lehrer war aufgestanden und kam mit langsamen, schleppenden Schritten ans Fenster. „Ja, ich hab' dich auch gesehen. Hoch zu Roß. Darum erkannte ich dich nicht gleich. Du hast allerhand erreicht, scheint mir.“

Paul nickte. Sprechen konnte er nicht.

„Aber jetzt mußt du gehen“, sagte Brummel. „Wir müssen verdunkeln und die Fenster schließen.“

„Darf ich hereinkommen?“

Vater und Tochter sahen sich an. Paul fühlte, daß Herr Köwel mit etwas kämpfte. Sein Herz schlug rascher. „Ich möchte sehr gern mit Ihnen reden.“

Der Lehrer sah an die Uhr.

„Du sollst sofort heimgehen. Es kann jeden Augenblick Alarm geben. Es heißt, sie kämen heute nacht wieder.“

„Ach“, stotterte Paul. „Das macht nichts. Ich war schon drei Nächte nicht mehr daheim. Ich hatte immerzu Dienst und fürchte mich nicht.“

Herr Köwel neigte den Kopf zur Seite. „Also, geh jetzt. Es ist besser.“

Die Tochter hatte sich umgedreht und begab sich an den Tisch zurück. „Du solltest ihn reinkommen lassen. Es wird kalt beim offenen Fenster.“

Herr Köwel zögerte noch immer.

„Herr Köwel“, begann Paul abermals. Die Angst, der Lehrer möchte das Fenster schließen und ihn am Eintreten hindern, bevor er ihm gesagt hatte, was er ihm sagen wollte, preßte ihm Brust und Kehle zusammen. „Herr Köwel“, stieß er hervor. „Haben Sie jetzt sehr schwer zu arbeiten?“

Der Mann vor ihm hob seine Hände. Es waren kleine, zarte Hände, sehr schmal. Sie hatten nie im Leben schwere Arbeit getan. Jetzt zeigten diese Hände Schwielen, Risse und Krusten. Sie waren schwarz an den Nagelrändern, und die Nägel selber waren abgebrochen. Herr Köwel besah sie sich, und ein wehmütiges Lächeln spielte um seinen Mund.

„Es geht. Man gewöhnt sich an alles. Das ist es ja auch nicht. Nicht das wäre schwer zu tragen. Nein, das nicht. Darauf kommt es nicht an. Arbeit ist Arbeit.“ Er brummelte Satz für Satz in seiner alten, vertrauten Art.

„Und Frau Köwel?“ Paul konnte nicht weiter fragen.

Der alte Mann sah auf. Sein Blick traf Pauls Auge. „Frau Köwel“, sagte er langsam und ruhig, „ist gestorben. Sie bekam einen Schlaganfall an dem Tag, als ich verhaftet und von der Schule gejagt wurde.“

Paul faßte mit beiden Händen nach dem Fenstersims.

„Du warst damals nicht in der Schule. Ich hatte dir freigegeben. Weißt du das noch? Es war am Tag nach dem Brand. Die Luftschutzleute hatten alle meine Bücher und Tagebuchaufzeichnungen auf die Straße geworfen. Jeder konnte sie auflesen und seine Nase hineinstecken. Später hieß es, du seist krank. Ich fürchtete schon an dem Abend, daß du krank werden könntest. Nein, du hast das gottlob nicht miterlebt.“

„Doch, doch“, stammelte Paul, „doch, Herr Köwel. Ich weiß alles.“

Unter dem Torbogen näherten sich Schritte.

„Du mußt gehen“, sagte Herr Köwel entschlossen, und gleich darauf setzte er mit ungewöhnlicher Strenge dazu: „Ich will, daß du gehst. Ich will nicht, daß man dich bei mir findet. Ich weiß, du bist ein guter Kerl.“

„Herr Köwel“, schrie Paul, so laut, daß er vor seiner eigenen Stimme erschrak. „Ich bin ein ganz schlechter Mensch. Ich ...“

Das Aufschlagen fester Männerschritte kam näher.

„Geh jetzt wirklich“, stieß Herr Köwel hervor. „Es ist nicht deine Schuld. Ich weiß alles. Denke daran. Es ist nicht deine Schuld, nein, nein, ihr werdet immer nur das sein, was man aus euch macht. Erziehung ist alles. Du wärst anders, ja ... wenn ... wenn ...“ Er schien nur zu sich selber zu sprechen. Das letzte verstand Paul nicht mehr. Herr Köwel hatte das Fenster zugeschlagen und den dunklen Vorhang davor gezogen.

Paul drehte sich um. Zwei Luftschutzmänner kamen durch den Hof. Sie musterten ihn nur flüchtig. Dann drehten sie ab.

„Ich bin doch schuld", klagte Paul leise. „Natürlich bin ich schuld. Wir hätten es nicht zulassen sollen." Die Zähne schlugen ihm aufeinander. Er hatte nicht einmal Herrn Köwels Hand gefaßt. Er hätte ihm so gern alles gesagt und ihn um Verzeihung gebeten. Wußte er wirklich nicht, was sie ihm angetan hatten?

Plötzlich packte Paul eine heftige Sehnsucht nach seinem Freund Erwin. Bei Erwin war immer alles so klar und sauber gewesen. Schon einmal hatte ihn Erwin aus der Patsche gezogen. Das war damals, als er Brot gestohlen, weil der Hunger ihn schwach und widerstandslos gemacht hatte[14]. Auch jetzt war er wieder schwach geworden. Warum? Wenn Erwin bei ihm geblieben wäre, dann wäre vielleicht alles anders gekommen.

Paul war bis an die Untergrundbahn gelangt. Die Straßen lagen verlassen. Scheinwerfer traten in Tätigkeit und suchten den nächtlichen Himmel ab. Wer noch unterwegs war, strebte eiliger heim. Alle hatten ernste, müde Gesichter. Die Bahnen waren überfüllt.

„Ich möchte endlich einmal wieder ruhig schlafen können, ausschlafen, richtig ungestört ausschlafen", überlegte Paul. „Noch nie war ich so müde wie heute."

Er torkelte, als er wieder auf die Straße herauftrat. Kein Lichtschein fiel aus den Häusern. Er schob seine abgeblendete Taschenlampe vor und tastete mit ihr den Weg ab, um den Rand des Fußsteges zu erkennen.

Im Hof ging er zuerst zu seinen Kaninchen. Noch immer hatte kein Alarm eingesetzt. „Vielleicht kommen sie heute gar nicht", überlegte er. „Das wäre fein. Dann könnte ich schlafen." Die Kaninchen kamen schnuppernd an das Gitter. Zutraulich schnüffelten sie an seinen Fingern.

„Ich habe nichts", sagte er, sich entschuldigend. „Gute Nacht, Ewi, gute Nacht, Mi."

---

[14] Siehe „Erwin und Paul. Die Geschichte einer Freundschaft"

Vater und Mutter lagen schon im Bett und schliefen. Die Mutter erwachte und drehte sich schlaftrunken nach ihm um. „Bist du es, Pauliken?“ fragte sie. „Steht noch heißer Kaffee im Rohr.“ Das Bett knarrte unter ihr. Sie hatte sich schon wieder umgedreht.

„Danke“, murmelte Paul leise, um die Geschwister nicht zu wecken. „Ich will nur schlafen.“

Er warf sich unausgekleidet auf sein Bett. Bloß die Stiefel streifte er ab. Erst nachdem er sich niedergelegt hatte, fiel ihm ein, daß er seine Papiere und Ersatzkleider noch zurechtlegen mußte, falls es doch wieder Alarm geben sollte und sie in den Keller müßten.

Widerwillig erhob er sich noch einmal vom Bett, trat an den Tisch, nahm das Bündel Papiere, die Mutter legte es stets zurecht, Geburtsschein, Heimatschein und Lebensmittelkarten, ging damit an den Tisch und steckte hier auch noch Erwins letzten Brief dazu. Dann hob er den Rucksack vom Boden, in dem sich seine Zivilkleidung, doppelte Wäsche, Schuhe und Strümpfe befanden und stellte beides griffbereit neben sein Bett.

Erst als er das besorgt hatte, streckte er sich endgültig aus und fiel sofort in Schlaf.

Er konnte noch nicht lange geschlafen haben, als die Alarmsirene ertönte.

Fein, daß ich nicht ausgezogen bin. Jetzt bleibe ich länger im Bett liegen, war sein erster Gedanke. Er öffnete kaum die Augen. Seine Eltern und Geschwister trappsten schon im Zimmer umher und begannen sich eilig anzuziehen.

„Steh auf, Paulchen“, rief die Mutter. Er fühlte ihre Hand an seinem Haar und schlug die Augen auf. Er sah sie umhergehen und aufräumen. Das tat sie stets, bevor sie die Wohnung verließ. „Falls ich nicht wiederkomme. Sie sollen nicht denken, ich sei eine liederliche Schlampe gewesen.“

Auf der Treppe hörten sie schon die Schritte der Nachbarn. Es war ein unaufhörliches Getrappe und Gelaufe. Aus allen Wohnungstüren und Etagen eilten sie zugleich hinunter.

Paul erhob sich, zog die Stiefel über und schnallte den Rucksack auf. Die Papiere steckte er in die Brusttasche der Uniform. Von draußen erdröhnten die ersten Schüsse der Fliegerabwehr.

Als sie den Hof überquerten, waren die feindlichen Flugzeuge schon über ihnen. Sie hatten genau über dem Haus eine Magnesiumbombe fallen lassen. Wie eine runde, strahlende Feuerkugel hing sie fast unbeweglich in der Luft und strahlte einen weithin leuchtenden Glanz aus. Alle erschraken und rannten hastiger. „Diesmal gilt's uns! Beeilt euch!"

„Sie haben uns einen Christbaum angezündet!" schrie jemand entsetzt.

Einige Frauen hielten sich erschreckt die Hände vor das Gesicht und beugten den Kopf tiefer auf die Brust. Kinder weinten. Wenige Meter weiter auf der anderen Straßenseite sahen sie auch schon eine der gefürchteten Phosphorbomben ihren klebrigen Feuerregen verspritzen.

Sie erreichten den Keller, als fast alle Sitzplätze bereits besetzt waren. Auf jedem Platz lagen Stahlhelme, Gasmasken und Decken. In der Mitte des Raumes befand sich ein zementiertes Wasserbecken. Pickel und Schaufeln, auch Äxte lagen griffbereit. Es war ein ganz neuer, sehr guter Luftschutzkeller. Trotzdem er so tief unter der Erde lag, mehrfach eingeteilte und in sich abgeschlossene Bunker enthielt, hörten sie bis hier das Schwirren der Nachtjäger und das starke, orgelnde, tiefe Brummen der schweren Bomber.

Die meisten Menschen saßen mit großer Ruhe und Gelassenheit da. Frauen strickten und sahen kaum auf. Auch Pauls Mutter nahm sofort ein Strickzeug in die

Hände. „Will gar nicht erst hinhören“, sagte sie. „Wen's trifft, den trifft's. Is' ja bisher immer alles gutgegangen. Nummer 67 hält aus.“

Es gab aber auch Leute, die leise vor sich hin weinten oder beteten, und wie in den Mannschaftsquartieren solche, die Witze machten und versuchten, die Ängstlichen zum Lachen zu bringen. Dann und wann vernahmen sie das Pfeifen, das Paul nun schon kannte. Darauf folgte der ungeheure Druck und dann die Explosion. Türen wurden aus den Angeln gehoben, Fenster splitterten.

„Ach Gott, ach Gott, jetzt sind sicher wieder alle unsre Fenster hin! Nun muß man wieder tagelang mit Pappe und Brettern vernageln.“

Die Brandwache, die sofort in den Schleusengang geeilt war, kam zurück. Sie winkte Paul und noch einigen Jungen. Dann schob der Mann sie wortlos vor die Tür.

„Es brennt in Nummer sechzig. Aber sagt nichts. Sonst fangen die Frauen zu schreien an und wollen noch einmal in ihre Wohnungen, um zu retten.“

Paul und die andern bekamen nasse Decken umgehängt und stülpten ihre Rauchmasken über. Als der Blockwart die Außentür geöffnet hatten, sahen sie, daß das Haus gegenüber einer brennenden Fackel glich. Männer vom Dienst hatten versucht, die Wohnungen auszuräumen. Aber die Flammen entfachten einen fürchterlichen Sturm. Sie krochen einmal schlangengleich in die Tiefe, um gleich darauf unvermittelt wieder zur Höhe zu schlagen. Dann peitschten sie sich gegenseitig immer höher, schlugen aus den Fenstern, bogen sich abermals nieder und entfachten, bei diesem Auf und Ab, einen heißen, atemraubenden Orkan. Es war unmöglich, etwas zu retten. Die im Hof zusammengestellten Möbel fingen Feuer.

Von Paul troff das Wasser. Die nasse Decke klatschte um seine Beine. Sie wurde schwerer und schwerer. Er fühlte, wie ihm die Hitze den Schweiß aus dem Körper trieb und die Decke zu dampfen begann.

Über sich hörte er neue Bomber.

„Geht zurück, Jungens", befahl die Brandwache. „Es nützt nichts. Haltet aber drinnen das Maul, damit uns nicht alle ins Feuer rennen."

Paul warf einen Blick hinter sich. Nummer 67 stand noch. Die Männer vom Dienst kletterten auf dem Dach herum und schützten es mit flutenden Wasserströmen.

Er wandte sich ab und folgte den andern.

Kaum war Paul jedoch wieder unten angelangt, er hatte erneut seinen abgestellten Rucksack gepackt und wollte soeben zu seiner Familie in den Keller von Nummer 67, als das Licht ausging. Ein ungeheurer Luftdruck warf ihn zu Boden. Alle Insassen fielen durcheinander und schrien. Von außen hörte er das Prasseln zusammenstürzender Mauern, und es entstand eine krachende, unheimliche Finsternis.

Als er wieder zur Besinnung kam, umgab ihn noch immer ein völlig undurchsichtiges Dunkel. Er tastete umher, fand seinen Rucksack, auch das kleine Notlämpchen, und knipste es an. Es war unversehrt, aber er befand sich in einer andern Ecke des Raumes zwischen unbekannten Menschen.

Paul rief nach seiner Mutter und stöhnte. Jedes Glied am Körper tat ihm weh. Sorgsam begann er die einzelnen Glieder abzutasten und zu bewegen. Er war unverletzt, nur Schrammen hatte es da und dort abgegeben, und etwas Blut rann über sein Gesicht. Zum zweitenmal rief er. „Mutter!"

Der Raum um ihn war auffällig klein und eng geworden. An der entgegengesetzten Seite, dort, wo er den Durchgang zu Nummer 67 vermutete, stauten sich dicke, große Mauerblöcke, und zwischen dem Schutt sah er zwei Beine, einen Arm und einen Kopf. Sie lagen unbeweglich. Dicht neben Paul stöhnte einer. Von draußen pochte und rüttelte jemand an die Tür, die zur Straße führte. Endlich bog sie sich zurück und flog auf.

Drei Männer der Brandwache stürzten herein. Sie sahen über und über schwarz aus. Der eine blutete, und der dritte fiel ohnmächtig hin.

„Verschüttet“, lallte der erste. „Wir sind verschüttet!“

Abermals hörte Paul das dumpfe Prasseln. Es klang, als ob alle Häuser der Straße zusammenkrachten. Von draußen aus dem Gang ertönten entsetzliche Schreie. Dann wurde es still. Die Ecke, in der Paul noch immer wie betäubt lag, wurde feucht. Er wandte sich um und sah aus einem geborstenen Wasserrohr einen feinen Strahl hervorspritzen, er verstärkte sich zusehends.

Auch andere kamen durch die Nässe wieder zu sich und richteten sich auf. Die Hitze von oben wurde unerträglich.

Endlich war eine notdürftige Lichtleitung hergestellt, und die Brandwache begann an einer Mauerstelle, die ins Nachbarhaus führte, ein Loch zu schlagen.

Paul kroch hin. Das Wasser stieg rasch. Es reichte ihm schon bis an die Knöchel. Die Hitze raubte ihm den Atem.

„Pickel“, hauchte er, „Pickel.“ Mehr konnte er noch nicht reden.

Sogar einige Frauen hatten sich erhoben und verlangten, der Brandwache zu helfen. Zu dritt und zu viert hackten sie jetzt. Schweiß rann an ihren Körpern herunter. Die verschütteten Menschen in der Ecke regten sich noch immer nicht. Da oder dort stöhnte jemand. Im Keller anwesende Samariter bemühten sich um die Verschütteten.

„Sind sie tot?“ fragte Paul.

Die Männer schlugen mit verbissener Wut weiter. „Sie sind wahrscheinlich vom Luftdruck getötet worden, wenn sie nicht erschlagen wurden. Ein Teil des Kellers ist eingestürzt!“

„Ich habe meine Eltern und meine Geschwister im Keller unter siebenundsechzig.“

„Der Keller unter siebenundsechzig ist zuerst verschüttet worden. Ich glaube nicht, daß noch einer durchkommt. Aber vielleicht ist der Notausgang noch offen.“ Der Mann sprach im Takt der Schläge und sah sich nicht nach Paul um.

Paul hackte wie er im gleichen Takt. Meine Eltern, dachte er. Ich muß zu meinen Eltern. Wenn sie verschüttet sind, muß man sie sofort ausgraben. Das verdoppelte seine Kraft, und er kam rascher vorwärts. Keine Träne stieg auf.

„Tapfer, Junge, sehr tapfer. So ist es gut. Wenn du so weiterschaffst, sind wir in kurzer Zeit draußen. Es gilt unser Leben, nicht nur das der Deinen, unser aller Leben. Das Wasser steigt verteufelt rasch.“

Paul hackte noch schneller. Er kannte den zweiten Ausgang zum Keller 67. Sobald ich draußen bin, renne ich hin, dachte er.

Endlich war ein kleines Loch entstanden, aber anstatt Luft zu bekommen, strömte jetzt von außen beißender Rauch herein und machte die Hitze und die verbrauchte Luft nur noch unerträglicher.

„Zuerst die Frauen und Kinder“, dirigierte der Luftwart.

Das Loch war nun so groß, daß sich immer einer durchzwängen konnte. Zuerst kletterte eine Frau hinaus. Man reichte ihr die Kinder. Andere Frauen folgten. Die Sanitäter legten die Verwundeten zurecht, um sie zu befreien.

Hinter ihnen rieselte mehr und mehr Putz und Mörtel herunter, und es knackte lauter in der Decke über ihnen. Das Wasser bildete schon einen Teich, in dem alle bis zu den Knien wateten.

„Die dort hinten sind tot, da ist keiner mehr zu retten“, flüsterte der Sanitäter. „Wir müssen sie liegen lassen. Die aus dem andern Keller haben auch aufgehört zu klopfen. Man hört gar nichts mehr. Von hier aus kann keiner durch, ohne daß alles einstürzt.“

„Beeilen, noch mehr beeilen“, rief eine Stimme. „Die Decke über uns brennt. Nummer zweiundsechzig und sechzig müssen bis auf den Grund ausgebrannt sein.“

Irgendein Mann hatte Paul gefaßt. „Kriech du jetzt raus. Ich geh’ als letzter. Aber beeile dich, ich halt’s nicht länger aus.“

Das Wasser reichte ihnen schon bis an den Leib. Paul war ganz durchnäßt. Durch das Loch gelangten die Geretteten in das Nachbarhaus. Es gehörte zu den Häusern auf der andern Seite. Seiner Berechnung nach mußte es 64 sein. Zuerst kamen sie in den Lagerkeller einer Weinhandlung. Von dort stiegen sie über eine schmale Wendeltreppe in einen Laden. Die eiserne Treppe war so heiß, daß sie schmerzhaft unter den Sohlen brannte und das Leder ansengte. Es war, als müßten sie in glühenden Schuhen laufen.

Im Laden brannte es auch schon. Paul riß den Rucksack vom Rücken, damit er nicht unbemerkt hinter ihm Feuer fing. Vom Rauch und Gestank war ihm elend.

Als er auf die Straße trat, wurde soeben Endalarm gegeben. Die Bomber waren abgezogen. Er sah jetzt, daß ganze Häuserzeilen ihrer Straße ein brennender Fackelwald geworden waren. Sogar der Asphalt brannte. Mit umwickelten Stangen und nassen Besen, mit nassen Bettvorlegern versuchten die Bewohner das Asphaltfeuer auszuschlagen und den Löschmannschaften zu helfen. Auch die Kinder liefen bleich und schwitzend umher und trugen Wasser. Auf allen Dächern flammten lange Feuerbänder. Die Brände hatten große Häusergruppen leergefressen.

Paul nahm einen Anlauf, um über den brennenden Asphalt auf die andere Seite zu gelangen. Er wollte schleunigst zurück zu Nummer 67 und seiner Familie helfen. Deutlich hob sich die Wand des Vorderhauses im Feuer ab. Groß leuchtete die Nummer 67 über dem

Torbogen. Freude durchzuckte ihn. Nummer 67 steht noch! Es brennt nicht auf unserer Seite! Die Eltern sind sicherlich unversehrt.

Er springt in großen Sätzen über die einzelnen Feuerpfützen, die sich weiterfressen, und gelangt zum Torbogen. Erschrocken bleibt er stehen. Der Hof ist nur noch ein einziger mit Trümmern gefüllter Bombenkrater. Ein Volltreffer hatte die Hinterhäuser wie Pulver zerstäubt. Auch die Innenseite des Vorderhauses war eingestürzt. Von ihrem Hinterhaus steht nur noch ein Teil der Rückwand. Er sieht ein Stück ihrer Küche. Im Feuerschein kann er deutlich die abgerissene Landkarte erkennen, die wie ein Fetzen im Wind flattert. Auch sein Bett steht noch, etwas schief und schon im Rutschen begriffen. Zwischen den Trümmern stauen sich Möbelteile, ein großes Büfett, zerbrochene Spiegel. Er tritt auf Glasscherben und Holzsplitter. Auch im Vorderhaus ist noch ein restlicher Mauerteil der Wand zu sehen. „Zum Maskenverleih ...", liest er. „Mathilde Man ..." Ganz deutlich steht es jetzt wieder dort. Unter dem Firmenschild hörte er aus einem höhlenartigen Gewirr von Mauersteinen ein sonderbares Quieken.

Er setzte den Rucksack ab, bückte sich, wühlte hastig mit der Hand Mauersteine und Mörtel weg, schnitt sich an Glasscherben und entdeckte endlich mit einem erstaunten Aufschrei seinen Kaninchenstall, der weit hinten im Hof gestanden hatte. Einem fliegenden Koffer gleich, mußte er durch den Luftdruck fortgeschleudert worden sein und unter den schützenden Steinen wie in einem Luftschutzkeller das Bombardement überstanden haben. Die beiden Kaninchen lebten noch, aber sie stießen verängstigte, schrille Schreie aus, wie er sie noch nie von ihnen gehört hatte. Er wollte die Tür öffnen. Sie war verbogen. Er nahm einen spitzen Stein zu Hilfe, und schließlich konnte er eines nach dem andern herausheben. Er besah erst Ewi, dann Mi, und drückte sie an sich. Sie waren unversehrt. Er setzte sie wieder zurück, schnallte den Rucksack abermals auf den Rücken und eilte weiter. Den Stall klemmte er unter den Arm.

Vor dem Eingang zum Keller lag ein Haufen großer Trümmer. Luftschutzmänner sperrten den Platz ab und drängten die Leute zurück. Das ganze zweite Hinterhaus schien mit der Vorderwand auf den Kellereingang gestürzt zu sein.

Von irgendwoher erklangen Befehle. „Weg hier, alles räumen! Sprengung!" Die rufenden, suchenden und schreienden Menschen wurden auf die Straße zurückgeschoben.

„Ich suche meine Eltern", stammelte Paul. „Sie waren im Keller von siebenundsechzig. Auch meine Geschwister. Wir alle."

„Hunderte waren hier unten", rief ein Mann. „Auch meine Frau und meine Kinder."

„Wir müssen sofort ausgraben", schrie Paul. „Meine Eltern sind darunter. Vielleicht leben sie noch."

„Hier kann jetzt nicht mehr ausgegraben werden", rief eine fremde Stimme, „seht ihr denn nicht, das Vorderhaus wird jeden Augenblick einstürzen. Lauft, lauft, ehe es euch begräbt!"

Irgendwer faßte Paul unter dem Arm. „Sie werden schon tun, was sich tun läßt. Komm du jetzt wenigstens in Sicherheit."

„Nein, lassen Sie mich", schrie Paul verzweifelt. „Ich suche meine Eltern. Ich will zu ihnen. Ich kann nicht weggehen von hier. Ich weiß, wo man graben muß. Es gab noch einen anderen Ausgang. Es ist doch unser Haus."

„War, mein Junge, war! Das ist kein Haus mehr."

„Aber meine Familie ist darunter. Man muß sie ausgraben."

„Nehmen Sie ihn mit", rief ein Mann. „Darunter lebt keiner mehr. Ein Rohrbruch hat alles überschwemmt."

„Weitergehen, weitergehen!" Das Kommando wiederholte sich unaufhörlich. „Weitergehen! Achtung, Sprengung!“

Paul riß sich von der fremden Hand los und rannte wieder in die brennende Straße. Auch jetzt ließ er die Kaninchenkiste nicht aus der Hand. Er sprang über Feuerpfützen. Um leichter Luft zu holen, hatte er sich ein nasses Handtuch über den Mund gebunden. Ein Mann, der ihm entgegenkam, zeigte auf seine Schulter und rief ihm etwas zu. Als er aufsah, entdeckte er, daß sein Rock Feuer gefangen hatte. Er schlug es mit der Hand weg und spürte, wie die Hitze seine Handfläche versengte.

Der Weg zu dem zweiten Ausgang war versperrt. Ein breites Flammenmeer machte die Straße unpassierbar. Paul kehrte um und versuchte es durch eine andere Querstraße. Er mußte über heiße Schuttmassen klettern, über unförmige Steinblöcke, durch Bombenkrater. Hustenreiz raubte ihm den Atem, er steigerte sich zu Brechreiz und begann ihn zu würgen. Als er endlich die Hausmauer erreichte, durch die er zu dem Notausgang gelangen konnte, bemerkte er eine Gruppe Menschen davor, die schon damit beschäftigt war, sich einen Zugang zu bahnen. Die Rettungsmannschaften hatten bereits eine Öffnung hergestellt und die ersten Verschütteten hervorgeholt, aber sie lagen als bewegungslose Gestalten, den Kopf an die Schuttmassen gelehnt, mitten auf der Straße.

Paul schob sich durch und kniete davor nieder. Das war keiner der Seinen. Nein! Das auch nicht! Aber dort, dort hinten, am Rand des Bombenkraters. „Mutter“, schrie er, „Mutter!“ Er versuchte die leblose Gestalt aufzurichten und schob ihr seine Hand unter den Kopf. Der Körper war mit einem groben Tuch bedeckt. Das Tuch zu heben wagte er nicht. An den Umrissen darunter konnte er sehen, daß er zerschmettert war. Auch die Hände, die ausgestreckt auf dem Schutt ruhten, waren keine Hände mehr. „Mutter“, stöhnte er. „Meine Mutter.“

Er sah sich hilfesuchend um. Die Rettungsmannschaften packten ihre Werkzeuge auf und wollten sich entfernen.

„Es ist meine Mutter“, erklärte er ihnen.

Sie zuckten gleichgültig die Schultern. „Laß gut sein! Der ist jetzt wohl!“

„Mein Vater und meine Brüder sind auch dort unten.“

Wieder zuckten sie nur die Achseln und kehrten sich um. „Lohnt nicht weiterzugraben. Sie sind alle zerschmettert, und wer nicht erschlagen wurde, der ist ersoffen.“

Paul starrte auf die Öffnung. Eine breite Wasserlache bildete sich davor. Sie schwemmte Land und Mörtel, Erde und Schutt um sich auf. Die künstliche Maueröffnung bröckelte ab und stürzte in sich zusammen. Paul sah, wie die Vorübereilenden, ohne die Toten zu beachten, sich in der Wasserlache ihre Tücher und Decken feuchteten und weiterrannten.

Vorsichtig fuhr Paul mit seiner Hand über das weiße, stille Gesicht der Mutter und versuchte einige Blutflecken, die unter den Augen festgeklebt waren, wegzuwischen.

In diesem Augenblick setzte ein neuer Alarm ein. Die Rettungsmannschaften entfernten sich eiliger. Die Wasserlache stieg erschreckend schnell, erreichte Pauls Füße und die Leichen. Schon konnte er den Lärm der Propeller hören. Die Flugzeuge mußten diesmal sehr tief fliegen. Es dröhnte in seinen Ohren, und gleich darauf setzte es ein: Klop, klop, klop, klop.

Die Bordschützen schossen sogar aus Maschinengewehren auf die Bevölkerung, um die Rettungsarbeiten und Löschversuche zu erschweren. Paul hörte die Flüchtenden schreien. Keiner kümmerte sich um die Leichen oder um den verschütteten Keller. Das Klop-klop-klop kam erschreckend näher. Jetzt mußten die Flugzeuge über seinem Kopfe sein.

Paul sprang auf, zog die Kaninchenkiste hinter sich her und ging in Deckung. Ein zweites Bombardement setzte ein. Vielleicht war es auch schon das dritte oder vierte. Es mußte längst Morgen sein, aber die Rauchschwaden und Staubwolken verdunkelten alles, und das Licht der Brände war keine Sonne. Paul wußte nicht, wieviel Zeit vergangen war und welche Stunde es geschlagen hatte. Er kauerte zwischen Mauerresten in einer grauenhaft dunklen Einsamkeit. Erst als die Entwarnung einsetzte und er aufsah, merkte er, daß kein schützendes Dach mehr über ihm gewesen war.

Wieder geht Paul. Er gerät erneut in den Strom der Ausgebombten, die mit ihren geretteten Habseligkeiten durch die brennenden Straßen ziehen und Schutz vor dem Feuersturm suchen, der einen immer ätzenderen Rauch mit sich führt. Er weiß nicht mehr, geht er rechts oder geht er links. Weiß nicht, wohin er kommt. Mechanisch folgt er den anderen und sieht rings um sich nichts als Flammen und Trümmer. Keine Straße, keinen Platz erkennt er mehr, durch die er wandert. „Meine Eltern“, stöhnt er.

„Was sagst du?“ fragt eine Frau, die neben ihm geht.

„Meine Eltern sind verschüttet worden.“ Paul sieht die Frau mit weit aufgerissenen Augen an, und die ersten Tränen rinnen über seine Backen. „Ich habe hinfort keine Eltern und keine Geschwister mehr.“

Hinter sich hört er neue Detonationen von zusammenstürzenden Mauern.

„Sieh dich nicht um“, ruft die Frau und versucht ihn eilig fortzuziehen. „Sieh dich nicht um!“

Aber Paul sah sich um und sah hinter sich noch dichtere Wolken von Rauch und Staub aufsteigen, unter denen ganze Häusergruppen zusammenstürzen.

Die fremde Frau packte ihn erneut am Arm und zog ihn weiter. „Sieh nur noch vor dich“, rief sie.

Sie riß ihn von einem Bombenkrater weg, der die Straße auseinandergesprengt hatte.

Aus dem Bombenkrater stieg unerwartet ein abgesprungender englischer Pilot. Paul erkannte ihn sofort an seiner wulstigen, dick gepolsterten, mit Riemen umschnürten Kleidung, die fremde Abzeichen trug. Zweifellos war er mit dem Fallschirm aus einer leck gewordenen Maschine abgesprungen. Die buschigen Pluderhosen steckten in unförmigen Schuhen. Von seinem Sturzhelm baumelten die Ohrenklappen und etliche Drähte herunter. Hellrotes Blut aus einer Kopfwunde rieselte unter der Kopfbedekkung hervor und tropfte vom Kinn auf das Gewand.

Er klammerte sich mit den Händen an das herabstürzende Gestein und blickte die Entgegenkommenden wortlos an. Auch seine Augen waren vor Entsetzen aufgerissen.

Die Frau blieb stehen und hielt Paul, den sie noch immer am Arm gefaßt hatte, zurück. Schweigend musterte sie den Flieger. Eine Minute verstrich. Dann trat sie näher an den Bombenkrater, aus dem der Pilot sich zu befreien suchte.

„Teufel!“ schrie sie ihm gellend ins Gesicht. Und dann noch einmal: „Du Teufel!“

Eine andere Frau drängte sie beiseite und reichte dem fremden Piloten die Hand. „Lassen Sie man“, sagte sie. „Das hat doch keinen Zweck. Er kann ja nichts dafür. Er hat einen Befehl, wie wir einen Befehl haben. Ist auch nur ein Mensch wie wir.“

Der Flieger ließ sich erschöpft am Rande nieder und schaute noch immer betäubt um sich. Die Frau reichte ihm Wasser und zog Verbandstoff hervor.

Paul hatte sich von der fremden Hand gelöst und blieb neben der Grube stehen. Der Flieger hatte sich wieder gefaßt und schien zu sich zu kommen. Er sah dankbar auf, murmelte einige unverständliche Worte in seiner Sprache und schlürfte das Wasser. Dann griff er in die tiefen Taschen seines faltenreichen Rockes und brachte Weißbrötchen hervor, so weiß, wie Paul sie seit langem nicht mehr gesehen hatte. Auch Schokolade hielt er unerwartet in den Händen. Sein Blick lag freundlich fragend auf Paul. Er reichte ihm die Schokolade, während er die Brote der Frau gab, die ihn notdürftig verband. Paul hörte ihn etwas sagen, indem er mit Fingern auf ihn zeigte.

Die Frau, die Englisch verstand, wandte sich an Paul. „Er fragt, wie alt du bist."

Anstatt zu antworten, fragte Paul nur: „Ist das ein englischer Flieger?" Es schien ihm unfaßbar, daß ein englischer Flieger ein Mensch wie er selber war, und noch dazu einer, der Schokolade verteilte.

Weiter und weiter ging Paul. Er wußte nicht wohin. Er hatte keinen klaren Gedanken mehr. Auf einem großen Platz in den Außenbezirken brannte ein Barackenlager. Die Gefangenen waren geflüchtet. Nur einige waren zurückgeblieben. Sie hielten sich bei den Händen und tanzten vor der brennenden Baracke. Dazu sangen sie fremde Lieder und klatschten in die Hände.

Entsetzen packte Paul. Die freuen sich, dachte er. Die freuen sich, weil unsere Städte zerstört werden. Ein verwirrendes Furchtgefühl nahm von ihm Besitz. Sie singen und jubeln, während meine Eltern sterben mußten. Er begann sinnlos zu laufen. Er wollte heraus aus dem Feuer, fort aus der erdrückenden Verwirrung und Angst, für die er keinen Namen mehr kannte.

Er geriet in gänzlich fremde Wohnviertel der äußeren Bezirke, die aber ebenso zerstört waren und in denen der Brandsturm und der beißende Rauch noch immer nicht nachließen. Der Weg zurück war abgesperrt worden. Dort wurden die Ruinen und geborstenen Häuser gesprengt. Er ließ sich erschöpft zwischen unbekannten Menschen am Straßenrand nieder.

Hier hatten sich einige Leute unter aufgespannten Bettlaken ein notdürftiges Regendach gebaut. Sie luden ihn ein, neben ihnen Platz zu nehmen, und reichten ihm heißen Kaffee und Brote, die ausgeteilt worden waren. Aber während Paul wortlos neben ihnen saß, ohne ein Zeichen von Bewegung, dachte er unaufhörlich das eine: Jetzt habe ich keine Eltern und keine Geschwister mehr und kein Haus, um darin zu wohnen, und kein Bett, um darin zu schlafen. Ich habe nur noch meine zwei Kaninchen und dies Stück Brot, das mir fremde Leute gaben.

Er öffnete die Kaninchenkiste, die er unentwegt mitgeschleppt hatte, und steckte seine Hand in das Fell der Tiere, um ihre Nähe und Wärme zu fühlen. Wenn jemand ihm zu essen gab, reichte er das meiste und beste den Tieren, denn er hatte keinen Hunger. Er hatte vergessen, daß er sich in einem Mannschaftsquartier oder bei den Dienstbehörden hätte melden müssen.

Immer wieder fuhren Omnibusse, Autos und Pferdefuhren vor, um die Ausgebombten mit ihrem Hausrat aufzuladen. Möbel wurden zusammengetragen. Die Menschen neben ihm nahmen Abschied von den Zurückbleibenden und stiegen ein. Sie winkten noch eine kurze Weile, und die Wagen verschwanden.

Paul blieb unter dem Laken sitzen, das ein mitleidiger Mensch über ihm aufgespannt hatte, und starrte vor sich hin. Der Regen rieselte noch immer vom Himmel. Der Rauch und das weiterschwelende Feuer machten das Atmen schwer.

Endlich kam ein diensttuender Soldat und blieb vor ihm stehen.

„Was sitzst du eigentlich noch immer? Auf was wartest du?“

„Ich habe meine Familie verloren und kein Haus mehr“, stotterte Paul. Er schien den andern kaum wahrzunehmen und mehr zu sich selber zu sprechen.

„Viele, und nicht nur du, haben alles verloren.“ Der Soldat gab ihm einen Zettel mit einer Ortsangabe. „Geh dorthin. Du kannst mit dem Wagen da drüben fahren. Es ist ein großes Jugendlager. Melde dich dort. Du wirst keine

Not leiden und versorgt sein. Du bist nicht verlassen.“ Er versuchte Paul hochzuziehen. „Vorwärts, du solltest dich längst wieder zum Dienst melden. Weißt du nicht, daß alle Hände gebraucht werden?“

Paul nahm den Zettel. Er erhob sich gleichgültig und sprach kein Wort.

„Laß die Kaninchenkiste stehen. Sie ist zu schwer zum Mitschleppen.“

Paul schüttelte den Kopf. „Nein, ich nehme sie mit.“

Der Soldat half ihm: „Du solltest dir einen Sack besorgen.“

Paul stieg auf den Wagen, den der Mann ihm gezeigt hatte. Er streifte den Rucksack ab und stellte die Kiste neben sich.

Sie fuhren aus der Stadt hinaus. Sie rollten zwischen Rübenfeldern und kahlem, unbebautem Land durch einen kleinen niedrigen Kiefernwald. Sie kamen durch unversehrte Vororte, in denen nichts brannte. Die Leute dort standen vor ihren Häusern, traten unter ihre Haustüren und schauten aus unzerbrochenen Fenstern auf die Straße.

„Es sollen noch immer achthundert Kriegsgefangene nicht wieder eingebracht worden sein. Sie sind in der Brandnacht geflohen“, sagte eine Frau neben Paul. „Zumeist Russen.“

„Ja“, antwortete jemand. „Ich überlege mir schon lange, wo sie eigentlich sein können. Es gibt doch schwere Strafen für jeden, der einen Kriegsgefangenen verbirgt oder ihm weiterhilft.“

Paul hörte kaum darauf. Der Chauffeur bremste.

„Jetzt mußt du aussteigen. Von hier aus hast du noch dreißig Minuten zu marschieren. Dann kommst du ins Lager. Dort hinter dem Wald mußt du rechts einbiegen. Geh über das Rübenfeld an der offenen Scheune vorbei. Es führt ein Weg zu ihr. Hinter dem Wald liegt das Lager. Also, geh schon. Vergiß deine Kiste nicht.“

„Danke“, sagte Paul, schob sich wieder seinen Rucksack über und zog den Stall hinter sich her. Gewohnheitsmäßig legte er die Hand an die Mütze und schlug noch einmal die Hacken zusammen. Er wartete neben seinem Kaninchenstall, bis der Wagen verschwunden war.

„Der Bursche war ganz verstört“, sagte eine Frau mitleidig. „Ich hörte, wie er mit dem Wachhabenden sprach. Er hat alles verloren.“

„Im Lager wird er sich bald erholen. Sie haben es gut dort.“

Der Wagen fuhr weiter. Paul stand noch. Es dämmerte. Die reine frische Luft tat ihm gut. Hier war kein Rauch mehr, kein Qualm. Die Erde duftete. Einige hundert Meter vor ihm lag die Scheune. „Dort leg' ich mich zuerst einmal lang und strecke mich aus. Ich will schlafen. Sie hat sogar ein Dach“, stellte er erfreut fest, „richtige Mauern. Innen ist sicher alles voll Stroh. Das ist warm und weich. Besser als die Pritsche im Mannschaftsquartier. Und wenn es Alarm gibt, dann bleib' ich liegen. Ist mir alles egal jetzt.“

Er hob die Kiste auf, doch er brauchte beide Hände, um sie vor sich her zu tragen. Ich hätte doch einen Sack nehmen sollen. Aber darin sitzen sie unbequem. Er setzte seine müden Beine in Bewegung und schleppte die Kiste weiter. Als er die Scheune, deren eine Seite offen war, erreicht hatte, trat er unter das Schutzdach und warf sich sofort in das Stroh. Es war bereits ziemlich dunkel.

Im Innern der Scheune konnte er nichts erkennen. Aber kaum hatte er sich niedergelegt, dünkte es ihm, als raschle es im Stroh auf der entgegengesetzten Seite. Vielleicht lag dort eine Katze oder hatte er Mäuse aufgescheucht. Paul schloß die Augen und schlief augenblicklich ein.

Mitten in der Nacht – es war jetzt völlig dunkel – erwacht er. Er mußte ziemlich lange und fest geschlafen haben. Die

Hände unter dem Nacken verschränkt, liegt er da und blickt empor.

Wieder hört er das Rascheln. Es ist, als ob ein Mensch, der wie er auf Stroh gelegen hatte, sich erhöbe und herumzutappen beginne.

Paul fühlt deutlich, wie jemand auf ihn zukommt und Augen ihn beobachten. Er glaubt auch die tiefen, ruhigen Atemzüge eines andern zu vernehmen. Hastig sucht er sein Lämpchen, knipst es an und schiebt es suchend durch den Raum.

In der entgegengesetzten Ecke erblickt er einen jungen Menschen. Er sitzt an die Wand gelehnt, die Beine gekreuzt und schaut ihn unbeweglich an. Er murmelt etwas. Paul sieht, wie seine Lippen sich bewegen. Aber die Worte versteht er nicht. Es ist eine fremde Sprache.

Der andere lächelt ihn freundlich an. Im nächsten Augenblick aber, als Paul sich völlig aufgerichtet hat – er war noch immer in Uniform –, verschwindet das Lächeln aus dem Gesicht des andern. Er duckt sich. Es sieht aus, als ob er mit einem einzigen Satz davonspringen wolle, die Arme leicht angespannt, den Oberkörper vorgebeugt ...

Aber auch Paul war jetzt ruckartig aufgesprungen und völlig wach, er hatte die Uniform eines russischen Kriegsgefangenen gesehen.

„Halt!" ruft er und springt auf ihn zu.

Der andere läßt die leicht erhobenen Arme fallen und wirft sich wieder auf das Stroh. „Nitschewo", murmelt er gleichgültig.

Paul greift suchend an seine Seite. „Verdammt!" Er hat in der Höllennacht seinen Dolch verloren.

Der Gefangene muß seine Wehrlosigkeit erkannt haben. Wieder steigt ein feines Lächeln auf seinem Gesicht auf.

Paul geht quer durch den Raum auf ihn zu. Er erkennt jetzt einen jungen Burschen, der nicht viel älter sein kann als er selbst. Strohblondes, fast weißes Wuschelhaar bedeckt einen schönen, rundgeformten Kopf. Sein Gesicht zeigt breite Backenknochen und eine stumpfe, etwas dickliche Nase. Wie vorhin Paul, liegt jetzt er, die Arme unter dem Nacken verschränkt, die Knie leicht angezogen, im Stroh und schaut Paul mit klaren, grünblauen, fast wasserhellen Augen an, auf jeden Fall gänzlich ohne Angst.

Paul rafft sich zusammen. „Steh auf!“ schreit er.

Der andere bleibt liegen.

„Wirst du mich anzeigen?“ fragt er ruhig.

Paul staunt und wird verlegen. Das korrekte, wenn auch mit fremdem Akzent gesprochene Deutsch verwirrt ihn. „Du sprichst deutsch?“

„Warum nicht?“

„Steh auf!“ befiehlt Paul zum zweitenmal.

Der Gefangene erhebt sich, klopft das Stroh von seinen Kleidern und stellt sich vor Paul. (Er ist bedeutend größer und kräftiger als Paul, und das bedrückt ihn.)

„Du bist geflohen“, beginnt Paul. Wieder deucht es ihn, der Junge lächle spöttisch.

„Ja, vor zwei Tagen. Lager kaputt. Engländer uns gerächt. Und du? Auch geflohen?“ Der Russe prüft seine Uniform.

„Setze dich“, sagt Paul, den die große Ruhe des Burschen zu ärgern beginnt. Er überlegt: Wenn er mit dem Russen, und ein solcher war es zweifellos, aus der Scheune tritt, kann dieser leicht entfliehen. Kein Mensch ist weit und breit zu sehen oder zu hören. Er weiß ja nicht, wer von ihnen schneller sein wird. Abliefern aber will er den Burschen bestimmt. Er gehört zu ihren gehaßtesten Feinden. Er muß ihn irgendwie zum Lager bringen. Aber nicht einmal einen Strick trägt er bei sich. Er muß in der nächtlichen Verwirrung alles verloren haben. Das erfordert Ruhe und Überlegung.

„Wie heißt du?“

„Sergejewitsch."

„Wie weiter?"

Der Junge schüttelt den Kopf. „Laß gut sein, kannst es nicht aussprechen. Russische Namen zu schwer für euch", sagt er bedauernd. „Wirst auch Sergejewitsch nicht richtig sprechen. Ist ein Buchstabe drin, den ihr nicht kennt."

„Quatsch nicht", brummt Paul.

„Sag lieber Serge oder Sergej zu mir", fährt der Junge fort.

„Woher kommst du?"

„Stalingrad."

Paul öffnet den Mund. „Stalingrad?" wiederholt er. Es klingt wie ein Schrei.

„Ja, ihr habt es zerstört, ganz zerstört. Es ist viel mehr zerstört als eure Städte. Ich habe kein Haus mehr, keine Eltern, keine Geschwister. Alle getötet oder von euch fortgeschleppt. Alles zerstört. Alles! Sogar die Erde verbrannt."

Paul seufzt. Er läßt sich neben dem anderen nieder, und ohne es zu beabsichtigen, dreht er ihm das Gesicht zu. „Mein Heim ist auch zerstört, meine Eltern sind auch tot. Ich habe auch keine Geschwister mehr."

Der Russe senkt zustimmend den Kopf, und ohne darauf einzugehen, fährt er fort: „Ich arm geworden, weil ihr reich werden wolltet."

„Aber ich bin ebenso arm", schreit Paul.

„Ja", bestätigt der Russe ruhig. Er hat seine Hände erhoben und betrachtet die inneren Handflächen, die Risse, Kratzer und Brandblasen aufweisen. „Wir gleich arm, sollten Genossen werden."

Paul beißt sich auf die Lippen. „Ich will nicht dein Genosse werden", stößt er wütend hervor.

„Du werden", antwortete Sergej. „Wenn ein wenig nachdenken."

„Ich will nicht", knurrt Paul.

Der Russe antwortete nicht darauf. Er sagt nur: „Nicht du Befehl zum Losschlagen gegeben!“

„Nein“, haucht Paul kaum hörbar. „Nein, das nicht.“ Er betrachtet seine eigenen Hände. Sie tragen die gleichen Brandblasen und Schrammen wie die Hände Sergejewitschs.

„Du nur getan, was man dir befahl. Du mich deshalb auch anzeigen und zurückbringen, weil sie es dir befohlen haben.“

Paul nickt. „Natürlich werde ich dich anzeigen. Du bist ein entflohener Gefangener. Warum nahmen sie dich überhaupt gefangen?“

„Ich Partisane. Wollten euch vertreiben, unsere Heimat befreien. Du nicht denken, töte gern. Ich habe euch gern. Meine Mutter kam aus Deutschland.“

Paul beugt sich eilig näher. Er schaut den andern entsetzt an. Es sieht aus, als wolle er ihn anspucken. „Und trotzdem gingst du zu den Partisanen? Pfui Teufel, schäme dich! Du hättest überlaufen sollen mit deiner deutschen Mutter. Pfui, was für ein Schuft bist du! Eine Bestie!“

Sergej sah ihn nur bedauernd an. Dann antwortete er. „Meine Mutter war Russin. Rußland unser Vaterland. Stalingrad meine Heimat.“

„Aber man greift nicht aus dem Hinterhalt an. Das ist Schurkerei und kein ehrlicher Kampf.“

„Ihr“, fährt der Russe ruhig fort, „fielt eines Tages ohne jede Kriegserklärung mit allen euren Armeen aus dem Hinterhalt in unser Land ein.“

Paul schwieg. Er erinnerte sich an das Bild, über seinem Bett. „Deutsche Soldaten warten auf das Zeichen zum Angriff gegen Rußland.“ Hatte er es nicht großartig gefunden?

„Warum?“ hört er den Russen sagen. „Weil ihr unser Korn und unser Petroleum wolltet.“

„Nein“, unterbricht Paul, „weil ihr uns sonst in den Rücken gefallen wärt.“

Sergej sagt: „Du redest dummes Zeug. Du weißt gar nichts von uns.“

„Doch, ihr habt lange gerüstet, immerzu nur gerüstet, um uns zu vernichten. Wir sind euch bloß zuvorgekommen.“

„Wir gerüstet, um unser Land zu beschützen. Wir sehr nötig den Frieden. Wir konnten nicht an euch denken.“

Sergej hat sich bequem zurückgelegt. „Du weißt, wir hatten große Revolution und langen Bürgerkrieg. Wir ein sehr unterdrücktes, ausgebeutetes Volk. Mein Großvater wohnte in einer Hütte mit Lehmboden ohne Ofen. Dort mein Vater geboren. Sommer und Winter stand Großvater um vier Uhr auf und ging in Bastschuhen. Er kannte noch keine Schuhe, trug Fußlappen. Lesen und schreiben lernte er nie. Tagelang ohne Arbeit. Verdiente kaum sein Brot. Mein Vater der jüngste von elf Geschwistern. Er wollte es anders, darum Revolutionär. Meine Mutter auch eine Revolutionärin. Sie floh ins Ausland. Sie mußte sich verbergen. Sie schon groß, als sie lesen und schreiben lernten. Erst nach der Revolution wohnten sie zum erstenmal in richtigem Zimmer mit Fußboden und Ofen, den sie anzünden konnten. Mein Vater Vorarbeiter in einer der neuen Fabriken. Er liebte Fabrik mehr als Familie. Er war stolz auf sie. Er stolz auf das neue Rußland und auf seine neuen Freiheiten. Es gab furchtbar viel Arbeit. Nach Bürgerkrieg fehlte uns alles. Wir immerzu Angst vor einem Krieg und taten alles, um keinen Krieg zu bekommen. Was besser geworden war, würde wieder schlechter werden. Das wußten wir alle.“ Sergej schwieg. Gleich darauf, da auch Paul im Schweigen verharrte, fuhr er fort.

„Als ich geboren wurde, mein Vater sein erstes Paar richtige Schuhe. Bald zwei Anzüge. Später zogen wir in ein kleines Haus der Fabriksiedlung, ein richtiges Haus. Es gehörte der Fabrik, und alles, was ihr, gehörte auch meinem Vater. ‚Was ich noch nicht lernen konnte, wirst du, mein Sohn, lernen‘, sagte Vater zu mir. ‚Im neuen Rußland der Arbeiter und Bauern kannst du alles lernen. Wir kämpften noch um Lesen und Schreiben, um ein Zimmer mit Fußboden, um einen warmen Ofen oder ein Paar Schuhe. Es war ein langer Weg. Du aber schon Ingenieur werden oder Professor.‘ – Als der Krieg begann, war ich soeben aufs Technikum gekommen. Stalingrad wurde jeden Tag schöner. – Da kamt ihr! Jetzt ist alles zerstört, und mein Vater hatte sich so gefreut, mich als Ingenieur in seiner Fabrik zu sehen. – Es war ja eigentlich seine Fabrik. Als eure Bomber sie zerstörten, weinte er. Er verbarrikadierte sich in der Fabrik, versuchte sie zu verteidigen. Noch bevor Stalingrad dem Erdboden gleichgemacht wurde, fiel er.“ Sergej schwieg.

Paul hatte still und aufmerksam zugehört. Der Russe sprach mit einer ruhigen, beinah sanften Stimme, ein wenig wie Herr Köwel. Er setzte seine Worte langsam suchend. Er konnte nicht sehr gut deutsch, er überlegte jeden Satz. Paul entgegnete nichts. Er hörte zu.

„Glaubst du, ein Volk macht Krieg, wenn es frei und glücklich ist? Rußland ist groß und reich, sehr reich. Wir brauchen euch nicht.“ Er richtete sich auf und wandte sich Paul zu. Unvermittelt sagte er. „Ich habe Hunger.“

Paul stand auf. Er ging zu seinem Rucksack, öffnete ihn und nahm sein letztes Brot hervor. „Nimm es, du kannst es haben.“

„Danke“, sagte Sergej, brach es entzwei und reichte die Hälfte Paul.

„Ich will nichts.“

„Nimm nur. Ich möchte mit dir teilen. Ich finde es schön, sein Brot zu teilen.“

Paul griff mechanisch zu.

„Und dort in der Kiste?“ fragte der Russe.

„Kaninchen.“

„Lebende?“

„Ja. Sie sind das einzige, das ich retten konnte."

„Fein." Sergej erhob sich, ging zu dem Kasten und kniete davor nieder. „Draußen auf dem Feld Steckrüben. Vielleicht auch Gras. Ich in Stalingrad viele Kaninchen." Sergej hatte seine Finger zwischen den Draht geschoben.

„Ich gehe nachsehen", sagte Paul und trat aus der Scheune. Ich muß ihn anzeigen, überlegte er. Vielleicht folgt er mir auch freiwillig. Aber warum will ich ihn eigentlich anzeigen? Was für hübsche Augen er hat! Und wie zerkratzt und zerschnitten seine Hände sind! Er hat so eine ruhige, stille Stimme. Und sein Vater hat sogar geweint, als die Fabrik zerstört wurde. Es war beinah seine Fabrik.

Am Straßenrand ging ein Pflug. Sie waren also nicht mehr allein. Paul sah auch zwei Männer mit Spaten über den Rücken am Waldrand auf einem Pfad entlangschreiten.

Wenn ich ihn zurückbringe, wird er bestraft werden, und wenn die Engländer wieder bombardieren, wird er vielleicht getötet. Auch ich kann das nächste Mal getötet werden. Was hat Herr Köwel gesagt: „Wer das Schwert ergreift, wird durch das Schwert umkommen!" Aber haben wir es wirklich zuerst ergriffen? Ich weiß es nicht. Jetzt bin ich schon der Einzige und Letzte von uns. Er fühlte, wie eine eisige, harte Hand an sein Herz griff. Vielleicht müssen wir alle sterben. Sergej hat auch schon alles verloren. Und wozu eigentlich?

Paul hatte eine Rübe ausgezogen. Er putzte sie sorgfältig und säuberte sie vom Erdreich. Es war eigentlich sehr schön, das, was er mir erzählt hat. Ich kann es mir so gut vorstellen. Ich wußte gar nicht, wie es bei ihnen ist. Er ist sicher kein schlechter Mensch. Paul sah sich um. Vielleicht benutzte Sergej die Gelegenheit seiner Abwesenheit zur Flucht.

Paul bückte sich noch tiefer über die Rübe und putzte

noch länger an ihr herum. Aber wenn der Russe floh – es war schon heller Tag –, konnte er in seiner Gefangenenkleidung überhaupt ungesehen entkommen? Sie würden doch sofort hinter ihm herrufen, und wenn er nicht stehenblieb, dann würden sie ihn erschießen.

Erschrocken sprang Paul auf und eilte in die Scheune zurück. Nein! Sergej durfte nicht entfliehen. Das war viel zu gefährlich für ihn. Er sollte nicht sterben. Keiner sollte mehr sterben.

Der Russe kniete noch immer vor dem Kaninchenstall. Er hatte Ewi herausgehoben, hielt ihn auf dem Schoß und streichelte ihn.

Als Paul eintrat, schaute er auf und griff nach der Rübe.

„Du denken, ich entfliehen?“ fragte er spöttisch.

„Nein, nein“, murmelte Paul. „Nein, nicht gerade. Es würde dir auch gar nichts nützen. Es sind Leute draußen auf dem Felde, mehrere. Auch Männer mit Spaten kommen aus dem Walde näher.“

„Was du jetzt tun?“ fragte der Russe. „Mich anzeigen?“

Paul antwortete nicht. Er schaute zur Seite. „Ich muß dich anzeigen“, sagte er endlich zögernd. „Es ist meine Pflicht.“

„Ja, ich weiß. Es gibt sogar eine Belobigung dafür. Vielleicht einen Orden.“ Sergejewitsch sah ihn forschend an.

Paul antwortete nicht.

„Wie hast du dir denn gedacht zu entfliehen?“ fragte er endlich unsicher. Er war selber erschrocken über die Frage. „Ich meine, wie willst du ungesehen durchkommen? Wohin wolltest du? An allen Grenzen und weit darüber hinaus stehen unsere siegreichen Heere.“

Prüfend glitt Sergejewitschs Blick über Paul. Lächelte er? Paul wich ihm aus und sah zu Boden.

„Ich will in mein Vaterland. Nach Stalingrad. Sie schon begonnen, es wieder aufzubauen.“

„Aber du kommst doch nicht durch. Der Krieg liegt dazwischen."

„Im Lager sagten die anderen: über Wien und den Balkan durch die feindlichen Linien. Auch über den Rhein kann man – in die Schweiz."

Paul horchte auf.

„In die Schweiz?" wiederholte er nachdenklich. „Ja, dort ist kein Krieg. Sie haben Frieden." Erwin hatte dieses Land eine „Zuflucht" genannt. Paul besaß sogar eine Schweizer Adresse, die ihm in der Not helfen sollte. Wie, wenn auch er ...

„Die Schweizer uns internieren", fuhr Sergej fort. „Aber dann bleibe ich am Leben. Denn ich brauche mein Leben für Rußland."

Paul schwieg. Der Russe hatte Ewi wieder in den Stall gesteckt, jetzt erhob er sich aus seiner knienden Stellung und griff nach Pauls Hand. „Komm mit", bat er. „Auch dein Land braucht dein Leben zum Wiederaufbau." Er sagte es so schlicht und einfach. Paul wollte aufbrausen, aber er unterdrückte seinen Zorn.

„Wir uns zusammentun", fährt der Russe fort. „Ich lange Partisan. Ich bringe uns durch. Zwei sind immer besser als einer."

Paul dachte nach. Heute nacht im Traum war er bei Erwin gewesen. Er war über ein hohes, schneebedecktes Gebirge bis zu ihm gelangt, und Erwin hatte ihm genauso die Hand gereicht wie jetzt der Russe und zu ihm gesagt: „Gut, daß du endlich kommst. Zwei sind besser als einer." Paul war vor Erschöpfung vor ihm niedergefallen und hatte um Hilfe gebeten. Vor ihm loderten Flammen, und hinter ihm stürzten und barsten Mauern auseinander.

Jetzt sah nicht Erwin, sondern Sergej ihn an. Seine Augen schauten freundlich, aber immer mit diesem leisen, überlegenen Mitleid auf ihn nieder.

„Und wie … wie – –“, stammelte Paul, „… wie könnten wir denn – –“

„Ich hier“, hub der Russe wieder an, „weil dort unten Bahn vorbeigeht. Die Züge studieren und sehen, wohin. Wir müssen Zug finden, als blinde Passagiere der Grenze nah kommen. Aber brauche Kleider für mich.“ Sergej sah auf den Rucksack. „Ich deinen Sack stehlen können. Ich schon gesehen, du Kleider darin. Es leicht gewesen, zu fliehen. Du lange weg.“

„Warum bist du nicht gegangen?“ schrie Paulchen.

Sergej horchte auf. „Ich fast gedacht, du willst es. Dann du nicht entscheiden, was richtiger. Brauchst nicht die Verantwortung übernehmen.“ Der Russe schüttelte langsam den Kopf. „Nein, auch du sollst dein Leben retten. Was sie dich machen heißen, ist falsch. Rette dein Leben, Genosse.“

Paul stampfte ärgerlich mit dem Fuß auf. „Ich bin nicht dein Genosse.“

Der Russe zuckte die Achseln. „Meinetwegen. Wie alt bist du?“ fragte er weiter. „Ich bin siebzehn Jahre.“

„Ungefähr siebzehn“, brummte Paul.

„Wir haben also beide keine Eltern mehr, kein Zuhause, keine Geschwister und müssen beide von vorn anfangen.“

Paul stürzten die Tränen aus den Augen. Er warf sich ins Stroh. Warum erinnerte ihn der Russe wieder daran, daß er keine Eltern mehr und alles verloren hatte.

Der Russe faßte ihn leicht an der Schulter. „Dieser Krieg hat uns arm gemacht, aber haben uns. Du mich, ich dich. Wir müssen zusammenhalten. Du Mensch, ich Mensch.“

Draußen stampften Schritte. Sie hörten Männerstimmen hinter der Scheune. „Still“, bat Paul leise und legte Sergej die Hand auf den Mund, gleichzeitig unterdrückte er ein Schluchzen.

Der Russe hatte sich niedergeworfen und mit Beinen und Händen Stroh über sich geworfen. Ohne zu überlegen, warf Paul noch eine neue Strohgarbe über ihn. Eine zweite, eine dritte, bis er ganz bedeckt davon war.

Dann setzte er sich nieder und zog seinen Rucksack näher. Er öffnete ihn und nahm die Hose, den Jumper und die Wäsche heraus, die Mutter ihm eingepackt hatte. Er hielt alles auf dem Schoß und sah es an.

Die Schritte entfernten sich. Auch die Stimmen verklangen über den Äckern. Paul tastete sich zum Stroh. „Komm hervor“, flüsterte er. „Da!“ Er schob Sergejewitsch die Kleider zu. „Zieh das an und dann lauf! Ich wünsche dir viel Glück.“

Der Russe tauchte aus dem Stroh auf und schüttelte es von sich ab. „Und du?“ fragte er.

„Ich gehe ins Lager. Ich soll mich dort melden.“

„Und dann?“ fragte Sergejewitsch, der begonnen hatte, sich umzuziehen.

„Wir werden zu Jugendkompanien zusammengestellt und wahrscheinlich an die Front abkommandiert, zur Fliegerabwehr, glaub’ ich. Es geht doch weiter.“

„Aber trotzdem nicht siegen, noch mehr zerstören, aber selber zerstört werden, noch mehr Völker unterdrücken und versklaven, sich alle gegen euch empören, bis ihr das letzte verliert.“

Paul schwieg und senkte den Kopf. Was Sergej da redete, hatte Herr Köwel wohl auch gemeint. Darum also war er gegen den Krieg gewesen. Paul schien es plötzlich, als säße sein alter Lehrer an seiner Seite und spräche wieder mit ihm. Hastig erhob er sich, um die sonderbaren Schatten, die ihn überfielen, zu vertreiben, und ohne zu antworten, sagte er nur: „Ich will sehen, ob ich im Lager noch etwas Eßbares für dich bekomme. Du kannst nicht ohne Nahrung gehen.“

„Wir“, verbesserte der Russe und lächelte.

Paul beachtete es nicht und vermied den Russen anzusehen. „Ich lasse dir die Kaninchen. Im Lager erkundige ich mich auch gleich nach den Zügen, und dann komme ich zurück und sage dir Bescheid."

Sergej, der sich als letztes Pauls Jumper übergezogen hatte, kam näher und legte seine Hände auf Pauls Schulter. „Ich dir danken, Genosse. Wie heißt du eigentlich?"

„Paul Richter." Das erste Mal wehrte sich Paul nicht gegen das Wort Genosse.

Obwohl er um vieles größer war, der Jumper reichte ihm knapp bis ans Handgelenk, die Hosen hörten oberhalb der Knöchel schon auf, konnte man in Pauls Kleidung nicht mehr den russischen Kriegsgefangenen Sergej erkennen.

Ohne zu antworten, nickte ihm Paul flüchtig zu und ging hinaus. Er sah sich auch nicht ein einziges Mal um.

„Ich werde erst morgen oder übermorgen zurückkommen. Vielleicht kann ich überhaupt nicht zurückkommen, weil sie mich sofort abtransportieren. Aber in meinen Kleidern wird ihn wenigstens keiner mehr erkennen. Er hat die beiden Kaninchen, die kann er schlachten und wird nicht verhungern. Wir wollten sie auch an Weihnachten essen. Dazu waren sie da. Doch für uns gibt es keine Weihnachten mehr, und mir ist jetzt alles gleichgültig. Ich weiß nicht, was ich tun soll, und ich weiß nicht, was die Wahrheit ist. Es wäre schrecklich, wenn Sergej recht hätte. Aber Herr Köwel hat es ja auch gesagt."

Der andere Tag verging und auch der übernächste. Paul folgte den Lagerkommandos. Er exerzierte in gewohnter Weise und lernte neue Waffen bedienen. Er marschierte in Reih und Glied, schlief neben den anderen auf Strohsäcken und hatte keine Zeit nachzudenken, vielleicht wollte er auch gar nicht an Sergej denken oder zu ihm gehen, obgleich er von allen seinen Portionen heimlich etwas beiseite legte und im Rucksack verstaute, als sollte er sich auf eine große Reise vorbereiten.

Am Abend des dritten Tages wurde die Mannschaft

unerwartet zum Appell gerufen. Der Vorgesetzte verlas einen Rapport[15]. „Freiwillige Luftmeldemannschaften und neue Flakmannschaft sollen in bestimmten Jugendkompanien zusammengesetzt werden und zum Abtransport nach Norwegen bereit sein." Man appellierte in erster Linie an die elternlosen, ausgebombten Knaben.

Die meisten traten sofort freiwillig vor. Es waren sogar schon elf- und zwölfjährige Knaben darunter. Paul wußte genau, daß auch er vortreten mußte, obwohl die Meldung freiwillig sein sollte. Aber vor seinen Augen begannen wieder die Feuerstürme auf- und abzuschlagen. Er hörte erneut das Bersten der Mauern und das Jammern der Verschütteten, atmete den Gestank, die sengende Hitze und fühlte alle Schrecken der Höllennacht, in der eine Millionenstadt auseinanderzubersten schien.

Die Blicke seiner Kameraden richteten sich auf ihn. Sie sahen ihn erstaunt und befremdet an. Er stand als einziger unbeweglich. Langsam und von diesen Blicken gewaltsam gezogen, trat Paul endlich neben sie, um die Reihe abzuschließen.

„Richter", rief der Vorgesetzte.

Paul blickte auf. „Zu Befehl."

„Weißt du nicht, um was es geht?"

Mein Vater weinte, als die Fabrik zerstört wurde. Es war eigentlich seine Fabrik, hörte er den Russen erzählen. Und ich weinte, als Nummer 67 zerstört wurde, überlegte er. Wie lange soll noch weiter zerstört werden? Wir können den Krieg doch nicht gewinnen. Sergej sagt: die Wahrheit wird siegen.

„Du bist der Älteste hier. Warum meldest du dich nicht sofort? Möchtest du lieber direkt an die Front?"

Ich will nicht, daß länger zerstört wird. Man kann nicht auf Kosten andrer, freier Völker reich und mächtig wer-

[15] Bericht, Meldung

den. Auch Herr Köwel war schon gegen Eroberungen, denkt Paul weiter.

„Antworte mir."

„Zu Befehl, Herr Hauptmann."

„Fühlst du dich krank?"

„Nein, Herr Hauptmann. Ich bin gesund."

Ein zweiter Offizier tuschelte dem Hauptmann etwas zu und zeigte auf Paul. Der Hauptmann winkte ab. „Ihr habt heute frei", hörte Paul ihn sagen. „Morgen mittag werdet ihr eingekleidet, und morgen nacht geht es nach Norwegen. Rührt euch."

Paul machte kehrt. Er sah, wie seine Kameraden auseinanderschwärmten und erregt zusammen sprachen. Er blieb wortlos unter ihnen stehen. Herr Köwel hat recht. Jetzt weiß ich es. „Wer das Schwert ergreift, wird durch das Schwert umkommen!" Aber er wagte nicht, es laut zu sagen. Er dachte es nur.

Wie ein Schlafwandler ging Paul gleich darauf den Weg zur Scheune. Es war schon dunkel. Ein schwacher, halber Mond hing tief unten am Himmel. Es war ein zunehmender Mond, und viele Sterne standen neben ihm.

„Sergej ist sicherlich schon fort. Er wird bemerkt haben, daß ich keinen Mut hatte, mit ihm zu gehen. Aber ich war auch kein Verräter. Ich habe ihn nicht verraten. Was bin ich eigentlich? Was will ich? Ich habe immer nur das getan, was mir gesagt wurde. Wir haben Mirjam verjagt, aber ich hatte sie gern. Wir haben auch andere Menschen vertrieben, die es vielleicht nicht verdienten. Wir haben fremde Völker überfallen und ihre Länder besetzt. Und Sergej sagt, sie würden sich gegen uns empören."

Paul hat die Scheune erreicht. Er tritt ein.

„Heda!" machte er. „Heda!" Er blieb unter dem Tor stehen und wartete. Das Mondlicht lag nur noch wie ein schwacher Schein draußen über dem Rübenfeld.

Im Stroh raschelte es. „Bist du es?“ fragte eine Stimme.

Paul trat näher. „Warum bist du nicht schon längst fort?“ fragte er. Seine Stimme klang rauh.

„Ich auf dich wartete.“ Sergej erhob sich. Paul griff sich benommen an den Kopf. Da stand der Russe in seinen eigenen Hosen und seinem Jumper und schien ein Stück von ihm selbst.

„Ich mehrmals auf dem Bahnhof. Keiner mich in deiner Kleidung erkannt. Jetzt weiß ich, welchen Zug wir nehmen: Zug, der um Mitternacht den Ort passiert, lädt hier Stückgut auf, geht nach Straßburg. Andere Züge passieren leider nicht. Ich ginge lieber nach Osten auf den Balkan, aber Straßburg geht auch.“

„Das ist im Elsaß“, sagte Paul und ließ sich neben Sergej nieder.

„Ja, von dort aus zu Fuß die Schweizer Grenze, über Jura oder Basel.“

„Woher weißt du das so genau?“

„Ich lernte es in der Geographie.“

Paul lehnte seinen Kopf an die Wand und schloß müde die Augen. „Leben Ewi und Mi noch?“

„Natürlich. Wenn wir unterwegs Hunger, wir sie schlachten.“

„Das können wir!“

„Du kommst also mit mir?“ fragte der Russe und streckte ihm die Hand hin. Paul zögerte einzuschlagen.

„Du denkst vielleicht, es sei unehrenhaft auszureißen, aber nicht, wenn man einer Überzeugung folgt. Das ist ehrenhafter als alles andere.“

„Ich glaube, ich weiß überhaupt noch gar nicht, was eine eigene Überzeugung ist. Ich habe immer nur getan, was mir die andern vorsagten. Nie habe ich nachgedacht, ob das, was sie sagten, gut und richtig sei und was daraus werden könnte.“ Pauls Stimme klang jämmerlich.

„Ich sage dir“, fuhr er fort, „es ist wirklich tausendmal

besser, seiner Überzeugung zu folgen, als sich mißbrauchen zu lassen und falschen Befehlen zu folgen."

Paul hielt noch immer die Augen geschlossen. „Deserteure werden erschossen."

„Für seine Überzeugung kann man sich auch erschießen lassen."

Jetzt öffnete Paul die Augen und sah den Russen an. „Weißt du, es war immer einer da, der für mich dachte und dem ich gehorchen mußte. Ich weiß noch nicht, wie man selber denkt. Du mußt Geduld mit mir haben." Er sah mit einem kläglichen Blick auf den Russen. „Ich weiß auch noch nicht, ob deine Überzeugung richtig ist. Vielleicht bringt ihr Bolschewiken[16] uns den Untergang, wie die Unsern sagen."

Sergej lachte hell auf.

„Pst", machte Paul erschrocken.

„Sieh mich an", bat Sergej und schob sich näher zu Paul, um möglichst leise zu sprechen, „bin ich zu fürchten? Antworte mir."

„Nein, nein", stieß Paul hastig hervor. „Du nicht. Du bestimmt nicht. Aber die andern bei euch", setzte er unsicher hinzu.

„Sie sind wie ich. Sie wollen das gleiche. Das Vaterland vom Eroberer befreien, wieder in Frieden leben und arbeiten. Ist das schlecht?"

„Nein", Pauls Stimme klang wieder leiser. „Nein, sicher nicht."

„Und was willst du?"

„Das gleiche", sagte Paul müde. „Mein Vaterland soll nicht untergehen."

„Gut!" nickte Sergej, als habe er Noten zu erteilen. „Wir wollen also dasselbe."

„Und ich will nicht, daß ihr darin herrscht", setzte Paul

[16] Angehörige der Kommunistischen Partei der Sowjetunion

mißtrauisch hinzu. „Denn wir wollen auch frei sein, genau wie ihr."

„Ja. Jedes Volk und alle Menschen müssen frei sein. Komm, gib mir die Hand. Wir uns beide etwas geloben."

„Was?" fragte Paul und streckte zögernd seine Hand aus.

„Wir eine neue Welt aufbauen, viel bessere."

Paul legte seine Hand in die des Russen.

„Und die, die nicht mitmachen und anders wollen?"

„Die jagen wir davon oder lehren sie das Rechte zu tun."

Jetzt lächelte Paul. Dann fragte er: „Wann fliehen wir?"

„Heute nacht. Der Zug geht um Mitternacht."

Pauls Hand lag noch immer in der des Russen. Er hatte vergessen, sie ihm zu entziehen.

Es war kurz vor Mitternacht, als sie aus der Scheune aufbrachen. Sie hatten Ewi und Mi in den Rucksack gesteckt, der jetzt leer war, da Sergej Pauls übrige Kleider trug.

Ohne zu reden, marschierten sie wie in einem befohlenen Takt. Kurz vor dem Bahnhof sagte Sergej: „Wir müssen im Schatten außerhalb des Bahnhofs warten, bis der Zug kommt. Ich habe schon alles ausprobiert. Mach einfach, was ich dir sage."

„Das bin ich ja gewohnt", spottete Paul.

Sie fröstelten, während sie warteten. Der Zug hatte Verspätung. In der Ferne ertönte eine Alarmsirene. „Sie kommen schon wieder!" flüsterte Paul.

„Fürchtest du dich?"

„Nein. Aber wahrscheinlich kommt der Zug nun nicht."

Sie hörten die Abwehrgeschosse und das Näherkommen der Flugzeuge. Sie schienen genau über ihren Köpfen zu fliegen. Sergej und Paul kauerten sich dicht zusammen und suchten am Bahndamm Schutz.

„An Bahndämmen zu bleiben ist falsch", mahnte Paul. Er wollte Sergej ins freie Feld ziehen.

„Es gilt nicht dem Bahndamm. Sie nehmen Richtung nach der Stadt.“

Erst lange nach Mitternacht fuhr der Zug ein.

Sergej erhob sich, blieb aber weiter in geduckter Stellung. „Das ist er. Du mußt folgendes machen: Der Gepäckwagen ist am Ende, voll Kisten und Möbel. Der Kontrolleur weggeht hier mit Papieren in Hand. Bis zu seiner Rückkehr bleibt Tür weit offen. Wir müssen in der Zeit aufspringen, ein Versteck suchen. Wenn zurückkommt, uns verkrochen haben.“

Der Zug war nur schwach beleuchtet.

„Der geht in Richtung Berlin“, gab Paul zu bedenken. „Wir wollen doch nicht wieder zurück.“

„Vielleicht fährt er über Berlin, die andere Strecke unpassierbar ist. Es steht Straßburg daran. Ich weiß es.“

Paul antwortete nicht. Er überlegte: wenn der Zug wirklich über Berlin ginge, dann könnte er eigentlich dort noch etwas erledigen.

„Ich müßte in Berlin meinem Freund eine Botschaft hinterlassen. Wir hatten es so vereinbart. Er weiß nicht, wo er mich finden kann, wenn er zurückkommt.“

Sergej winkte nur, ohne darauf einzugehen: „Komm jetzt.“ Sie schlichen dicht am Bahndamm auf den zweitletzten Wagen zu. Es war wirklich der Gepäckwagen, und es geschah alles, wie Sergej vorausgesagt hatte. Die Tür öffnete sich, ein Kondukteur[17] kletterte heraus und ließ die Tür offen, während er mit Frachtbriefen in der Hand zur Station ging. Sergej schlich sich näher, umklammerte die Bodenleiste des Wagens und zog sich hoch. Als er oben war, wandte er sich um, reichte Paul die Hand und zog ihn nach.

Der Wagen lag in einem dämmrigen Licht. Nur eine kleine Notlampe brannte. Schweres Stückgut, hauptsäch-

---

[17] schweizerisch für: Schaffner

lich Möbel und große Kisten standen eng nebeneinander aufgeschichtet. Aus der Ecke ragte ein großes, breites Büfett. Sergej zwängte sich sofort bis zu ihm durch. Er ließ einen leisen Pfiff ertönen, der seiner Freude Ausdruck geben sollte. „Folge mir", stieß er eilig hervor.

Unten war ein Schrank zum Aufbewahren von Geschirr. Die Türen waren mit zwei Leisten vernagelt. Mit einer erstaunlichen Gewandtheit riß Sergej an den Leisten, stemmte einen spitzen Stein, den er aus seiner Tasche zog, dazwischen, und kaum hatte sich die Leiste gelöst, und die Tür drehte sich in den Angeln, kroch er auch schon in den Schrank. Paul folgte ihm. Und während der eine unten, der andere oben auf den Brettern sich zusammenkauerte, hielten sie mit ihren Händen die Türen von innen fest.

Aus ihrem Versteck hörten sie draußen Schritte auf dem Schotter. Der Kondukteur kam zurück. Zwei Männer und eine Frau sprachen zusammen. Jemand sprang auf den Wagen und ging an dem Schrank vorbei. Gleich darauf setzte sich der Zug in Bewegung.

„Unser Rucksack mit Ewi und Mi steht noch im Wagen", flüsterte Paul.

„Sie werden ihn für Gepäckstück halten. Später holen wir ihn."

Die erste Zeit blieben sie unbeweglich und schweigend in ihrem Versteck liegen. Wußten sie doch nicht, ob nicht ein Bahnbeamter im Wagen saß. Sie lauschten und beobachteten nur. Erst allmählich merkten sie, der Wagen blieb leer. Schließlich öffneten sie langsam eine der Türen und spähten umher. Es war stockdunkle Nacht. Auch die blaue Lampe war ausgelöscht.

„Was wolltest du in Berlin?" fragte Sergej.

„Ich wollte meinem Freund Erwin an einen Baum, den er mir bezeichnete, eine Botschaft ritzen. Er ist noch in Schweden, aber er will bald zurückkommen. Ich dachte, wir könnten vielleicht in Berlin einen andern Zug suchen."

„Nein“, sagte Sergej, „dieser Zug ist schon recht. Wir müssen eiligst hinaus aus dem Land.“

„Aber die Botschaft.“

Sergej grunzte nur. „Der Baum längst verbrannt. Dein Sandhaufen Pulver, kein Park mehr vorhanden. Warum schreibst du nicht?“

„Du hast recht. Ich werde ihm schreiben. Vielleicht erreicht ihn die Karte noch.“ Da Paul selber noch keine Adresse hatte und nicht wußte, wo er ankommen würde, beschloß er, folgendermaßen zu schreiben: „Paul sucht den Weg in die Zuflucht.“

„Wie findest du das?“ fragte er Sergej.

„Es ist gut, denn schriebst du ‚in die Schweiz‘, so weiß man nicht, ob nicht die Grenzposten benachrichtigt werden und uns abzufangen suchen.“

Sie fuhren ruhig und gleichmäßig weiter und schliefen ein. Dann und wann hörten sie wieder angreifende Flugzeuge, vernahmen das Dröhnen und Knattern des Abwehrfeuers und die Explosionen, unter denen auch der Zug zitterte und krachte, daß sie erwarteten, aus den Geleisen gehoben zu werden. Mehrmals standen sie stundenlang auf einer Stelle. Wahrscheinlich war der Weg versperrt oder die Geleise zerstört. Sie schliefen mehr und länger. Draußen hellte es langsam auf. Vorsichtig öffnete Sergej die Türen und schaute hinaus. Der Rucksack mit den Kaninchen lag noch an seinem Platz. Sergej sprang hin, und brachte ihn herbei. Die Kaninchen zappelten in ihrem Gefängnis und stießen gegen die Öffnung, um ihre Nasen durchzuzwängen. Sie hatten auch an einer Stelle bereits ein Loch genagt.

Inzwischen begann Paul das Büfett näher zu untersuchen und an den Latten zu drehen.

„Wenn wir die wieder befestigen könnten, lädt man uns vielleicht mit dem Möbel aus und bringt uns weiter.“

„Hast du gesehen, ob Adresse daran?“

„‚Evakuierungsgut‘ steht daran. ‚Mülhausen‘. Es gibt aber zwei Mülhausen. Das eine ist im Elsaß, das andere in Schwaben.“

„Es wird das im Elsaß sein, das meiste Gepäck im Wagen für dort bestimmt.“

Während sie noch die Güter untersuchten, hörten sie Schritte. Rasch versteckten sie sich wieder und schlossen hinter sich die Türen.

Der Zugführer, vielleicht war er eine Frau, sie konnten es nicht genau an der Stimme erkennen, ging durch den Wagen.

„Verdammt“, hörten sie. „Da lag doch eben noch ein Sack, und ich sah Kaninchen darin. Jetzt hat ihn eine fortgeschleppt. Wohin ging das Ding eigentlich?“

„Was brummst du, Kollegin?“ fragte eine Männerstimme.

„Schon wieder ein Postdiebstahl auf dieser Strecke.“

„Was war’s?“

„Lebende Kaninchen.“

Der andere lachte. „Also ein Braten! Der kommt jedem gelegen.“

„Aber Sie wissen doch, daß heute Todesstrafe auf den einfachsten Postdiebstahl steht.“

„Was heißt Todesstrafe? Im nächsten Augenblick können wir auch ohne Postdiebstahl tot sein.“

Die beiden gingen weiter.

Paul und Sergej lauschten mit angehaltenem Atem, bis sich die Schritte entfernt hatten.

Es war allmählich heller Tag geworden. Sie fuhren durch leicht gehügeltes Land, hatten Eisenach passiert und kamen nach Frankfurt. Wieder hörten sie Abwehrfeuer und Alarmsirenen. Es folgten aber keine Explosionen mehr. Von der Landschaft sahen sie wenig. Nur an den Stationen, wo die Tür geöffnet wurde, erkannten sie ungefähr, wo sie waren. Sie hatten herausgefunden, daß der Kondukteur nur selten durch den Wagen kam, und wagten allmählich ihre Kastentüre ein wenig länger offenzuhalten. Mehrmals gab es unfreiwilligen Aufenthalt. Der Zug schien auf irgendwelchem Seitengeleis liegenzubleiben.

Es war schon wieder dämmrig geworden, als Paul plötzlich auf einer Station ausrief. „Der Rhein. Wir sind am Rhein!"

„Jetzt." Sergej kroch aus dem Schrank und versuchte die Wagentür noch mehr zurückzuschieben. Sie drückten sich beide dicht an den Spalt. „Oh, wie schmal der Fluß", rief Sergej enttäuscht. „Die Wolga viel, viel breiter. Sogar der Dnjepr breiter. Die Vögel fliegen nur bis zur Mitte; an vielen Stellen sieht man das andere Ufer nicht."

„Aber das hier ist doch noch ein junger Rhein", verteidigte ihn Paul. „Der Niederrhein ist auch breiter."

Sie fuhren noch rechtsrheinisch. „Jetzt müssen wir aufpassen", erklärte Paul, „wo und wann wir den Fluß überqueren. Das Elsaß liegt linksrheinisch, und wir wollen so spät als möglich hinaus, um der Grenze näher zu sein."

Es währte keine lange Zeit mehr, da ratterten sie über eine breite Bahnbrücke und sahen Zeichen und Markierungen. Sergej stieß einen lauten Schrei aus. Er hatte den Kopf aus dem Türspalt gezwängt, sein weißblondes Haar flatterte im Winde. „Es kommt große Stadt."

„Wenn es Straßburg ist, muß man ein großes Münster sehen", erklärte Paul.

„Ich sehe wie einen Finger", schrie Sergej, ohne den Kopf zurückzuziehen. „Das kann eine Kirche sein."

„Laß mich gucken", bat Paul.

In dem Augenblick hörten sie Schritte. Gepäckstücke wurden auseinandergerückt. Einer der Kondukteure war in den Wagen gekommen. Zurück in ihren Schrank konnten sie nicht. Sie verbargen sich zwischen zwei Kisten. Der Angstschweiß lief ihnen den Rücken herunter, und ihre

Beine zitterten, als wären alle Knochen herausgelöst worden. Ihre Blicke suchten wortlos den geöffneten Wagentürspalt. Vielleicht konnten sie sich in der Not da hinauszwängen und auf den Bahndamm fallen lassen, bevor sie ergriffen wurden.

Der Mann im Wagen schimpfte vor sich hin. Die Gepäckstücke rückten und krachten lauter bei seinem kräftigen Zusammenwerfen. Wie, wenn er im nächsten Augenblick die Kiste hochhob, die sie seinen Blicken verbarg? Paul fühlte, wie Sergej nach seiner Hand griff und ihm etwas begreiflich machen wollte. Paul folgte seinen Blicken. Dicht vor den schweren Füßen, die zwischen dem Stückgut einhertrappten, lag der Sack mit ihren Kaninchen. Sergej hatte ihn hinter sich hergezogen, als er den Schrank verließ. Paul tastete hin, wagte aber nicht, ihn zu heben. Der Mann entfernte sich. Er hatte die geöffneten Schranktüren und die abgebrochene Leiste entdeckt. Im nächsten Augenblick stieß er einen Pfiff aus und rief laut. „He! Wer da?"

Sergej war schon mit einer affenartigen Geschwindigkeit an den Spalt gelangt, seine linke Hand hatte Paul nicht losgelassen; er zog ihn hinter sich her. Jetzt verstand Paul. Sie mußten abspringen. Er faßte seinen Rucksack, gab der Kiste, die dicht vor den schweren Füßen des Kondukteurs lag und sie seinen Blicken verborgen hatte, einen kräftigen Stoß, so daß sie ins Schwanken geriet und der Mann zufassen mußte, sofern er sie nicht auf seine Füßen rollen lassen wollte. Diesen Augenblick benutzte Sergej, um sich durch den Spalt zu schieben. Der Zug, als ob er ihnen helfen wollte, hatte begonnen, langsamer zu fahren. Vielleicht mußte er auf freier Strecke vor einem Einfahrtssignal noch einmal anhalten. Immer langsamer rollte er. Hinter ihnen bahnte sich der Beamte durch Kisten und Gepäckberge einen Weg. Da sie aber flach auf den Boden gedrückt lagen, konnte er sie noch immer nicht sehen.

Sergej sprang und rollte einen steilen Bahndamm hinunter. Paul zwängte sich als zweiter durch den Spalt, klammerte sich noch einige Sekunden an die Wagenleiste, dann ließ er sich auch fallen. Er stürzte in weiches, leicht von Schnee bedecktes Erdreich. Der Rucksack fiel aus seiner Hand und überschlug sich. Der Zug rollte weiter und verschwand um eine Biegung. Keiner schien sie gesehen zu haben. Ein Hund bellte in einem Gehöft, aber das galt nicht ihnen, sondern dem Zug.

Sergej erhob sich zuerst, putzte den Schnee von seinen Kleidern und hob den Rucksack auf. Die beiden Kaninchen zappelten wild darin.

Auch Paul erhob sich langsam.

„Das war Glück, Glück", schrie Sergej ihm zu.

„Es hing an einem Haar. Ob er uns wohl gesehen hat?"

„Er hat sicher etwas gemerkt, aber es ging zu schnell."

Sie putzten sich sauber und sahen sich um. Wo waren sie? Die Berge im Hintergrund zeigten auf Rücken und Gipfeln Schnee, und auch auf den Äckern zu ihren Füßen lag eine leichte Schneeschicht. Sie befanden sich im Vorgebiet einer großen Stadt, und jetzt sahen sie deutlich das Münster, das einem Zeigefinger gleich die Stadt überragte.

„Wir müssen, solange es dunkel ist, auf den Beinen bleiben, möglichst rasch aus der Stadt hinaus." Sergej zeigte nach den Bergen. „Es sind die Vogesen."

Sie schritten jetzt eiliger aus. Um die Stadt machten sie einen Bogen, kreuzten einige größere Landstraßen und hielten genau nach Süden, wo sie den Schweizer Jura vermuteten. Unbehelligt gelangten sie aus dem Stadtbezirk hinaus und wanderten in der nächtlichen Dunkelheit weiter. Da sie jedem menschlichen Schritt auswichen, vor Wegkreuzungen und Brücken erst vorsichtig suchend die Umgebung absuchten, kamen sie auch ungesehen vorwärts. Sergej schien wirklich schlau wie ein Fuchs zu sein. Er besaß eine fast tierartige Witterung. Jeden Posten, alle

Wachmannschaften roch und fühlte er schon einige Meter voraus. „Achtung, Leder und Schuhwichse, Waffen“, warnte er und setzte russische Bezeichnungen dahinter. „Man riecht das nämlich gleich. Alles Militär, alle Waffen haben gleichen Geruch. Nichts anderes riecht so.“

„Woher weißt du das so genau?“

„Aus Stalingrad. Wir Partisanen lebten wochenlang in Erdhöhlen, beinah wie Tiere. Glaube, wenn wir noch lange dort geblieben, wir zu Wölfen geworden und geheult. Auf allen vieren gingen wir. Machten einander durch Wolfsgeheul verständlich. Nachts brachten wir auf tiefhängenden Unterwasserbrücken, die die Deutschen nicht sehen konnten, Munition über die Wolga. Wie Enten, immer im kalten Wasser. Was wir jetzt machen, ist leicht.“

Als sie die erste Nacht durchwandert, hatten sie das Gebirge fast erreicht. Sie kamen in Wälder und fühlten Schnee unter den Füßen.

Als der Morgen anbrach, legten sie sich in den Schutz niedriger Bäume.

„Jetzt habe ich Hunger“, stöhnte Paul.

„Ich auch. Etwas Warmes gut.“ Sergej sah auf den Rucksack, in dem die Kaninchen noch immer herumzappelten. Er öffnete ihn.

„Die haben’s auch nicht schön“, knurrte er.

Die Tiere saßen mit traurig hängenden Ohren in ihrem übelriechenden Gefängnis.

„Wir sollten sie laufen lassen, oder … essen“, setzte er plötzlich leise hinzu.

„Wenn du sie töten willst, wenigstens zunächst einen, bin ich auch dafür.“

„Welchen soll ich nehmen?“ fragte Sergej nur.

„Welchen du willst. Ich mag es nicht wissen. Ich werde mich sogar umdrehen. Ich hatte sie beide gern.“

„Den dickeren. Das ist richtig“, bestimmte Sergej. „Gib mir dein Messer.“ Er streckte ihm die Hand hin.

Paul reichte ihm das Messer.

„Er wird es nicht merken“, hörte er Sergej weiterreden. „Ich kann es sehr gut. Daheim immer gemacht. Töten geht schnell.“

„Ja“, antwortete Paul. „Es geht sehr schnell.“ Er konnte nicht weitersprechen. Er dachte an seine Eltern und Brüder.

„Fertig“, sagte Sergej. „Mach du schon Feuer. Trag Holz zusammen.“

Als der feine, dünne Rauch von einer kleinen Holzflamme unter den Bäumen entlangkroch, ein nebliger Winterdunst drückte ihn tief, wurde es ihnen behaglicher und wärmer. Sergej drehte fachkundig die Fleischteile auf flachen Steinen, die sie zusammengesucht hatten. Es schmorgelte und brutzelte, und während das Fleisch sich langsam bräunte, zogen ihre Nasen den Duft ein, und ihre Gesichter sahen zuversichtlich und erleichtert aus.

Nicht ein Stück blieb übrig. Nachdem sie gegessen hatten, krochen sie unter das dichte Unterholz, häuften Tannenzweige als Unterlage und Schutz gegen die Nässe unter sich auf und legten sich schlafen.

Noch eine zweite und dritte Nacht stiegen sie weiter. Langsam kamen sie höher. Oft mußten sie rasten und glaubten irrezugehen. Sie wußten nicht, ob es der richtige Weg war. Sie mieden jede Ortschaft und versteckten sich vor Menschen, weil sie keinem trauten. Ihre Kleidung war naß geworden. Ihre Nasen liefen, denn sie hatten sich erkältet. Paul spürte heftige Stiche in der Brust, und im Hals kratzte es. Solange sie wanderten, schwitzten sie, legten sie sich aber hin, froren sie sofort. Sie verzehrten auch noch das zweite Kaninchen.

„Das war das Letzte von daheim. Das Allerletzte. Nun ist auch das fort“, überlegte Paul. „Ich bin entsetzlich müde“, stöhnte er.

„Ich auch“, brummte Sergejewitsch. „Ich dachte nicht,

daß die Grenze so weit ist, aber vielleicht gehen wir nachts immer das Stück wieder zurück, was wir am Tag gewonnen. In der nächsten Ansiedlung werden wir fragen, wo wir sind."

„Wir hätten am Rhein bleiben sollen und ihm entlang stromaufwärts wandern müssen, dann wären wir wahrscheinlich längst in Basel", jammerte Paul.

Wieder marschierten sie und irrten zwischen Wäldern und auf Bergmatten herum.

In der Morgendämmerung hielt Sergej Paul unerwartet zurück, indem er ihm die Hand auf die Schulter legte. „Dort", rief er, „dort. Bleib stehen und duck dich."

Paul hob den Kopf. Durch den Schnee zog sich ein Gewirr von Stacheldraht, und auf einem Hügel wurden uniformierte Männer sichtbar. Es war eine Grenzwache.

Paul schaute schärfer hin. „Das sind keine deutschen Uniformen", flüsterte er. Er hatte Angst, laut zu sprechen, obgleich sie noch weit von den Posten entfernt waren.

Es begann zu schneien.

„Wir müssen uns vorsichtig vorbeischleichen, bis wir wissen, ob es Schweizer sind", gab Sergej zu bedenken.

Sie spannten alle ihre Kräfte an, jeden Nerv, jeden Gedanken. Sie gehen nur noch schrittweise. Schleichen nur noch im Schutz des Unterholzes, durch höher werdenden Schnee. Sie müssen dem Stacheldraht folgen, eine Stelle suchen, wo er abbiegt oder sie durchläßt.

Paul fühlt, daß ihn seine Kräfte mehr und mehr verlassen. Er hat kein trockenes Stück mehr am Leib. Noch schlimmer ergeht es Sergej. Pauls viel zu kurze, enge Kleidung ist in allen Nähten geplatzt und klafft auseinander. Die Strümpfe hängen ihm in Fetzen um die Füße.

„Hinlegen", jammerte Paul. „Ach, nur einen Augenblick hinlegen und ausruhen."

„Wir uns nicht hinlegen“, warnt Sergej. „Das ist gefährlich. Wir sofort einschneien.“

Weiter und immer weiter schleichen sie. Sie steigen, klettern und kriechen. Der Schnee häuft sich auf ihren Nacken, auf ihren Köpfen und Rücken, und er klebt an den Schuhen und näßt die Füße. Es ist weicher Neuschnee. Kein Laut ist in ihm zu hören. Ein Viadukt[18] wird jenseits des Hügels sichtbar. Unten am Berghang erscheint ein Ort!

Am nächsten Morgen, er stieg sonnig auf und versprach einen warmen Tag, machten sich Hans Suter und sein Freund Pascal mit Skiern auf den Weg. Beide waren zu Besuch bei Lukas, der zu jener Zeit auf einer Landschule bei einem Arzt in der Nähe von Delsberg lebte.

Sie standen kurz vor dem Ort und sahen von der Höhe aus zu Tal, als Pascal ausrief. „Dort liegt etwas.“ Er zeigte auf einen offenen Heuschober. „Eine verlorene Mütze.“

Hans glitt hinüber. Er bückte sich, aber anstatt die Mütze aufzuheben, schnellte er sofort wieder hoch und winkte Pascal. „Komm rasch her, hier drin liegt wer.“

Er hatte sich abermals gebückt und begann, so wie ein Hund mit Nase und Pfoten den Lawinenschnee wegstößt, im Pulverschnee herumzuwühlen.

„Es ist ein Mensch“, sagte er zu Pascal aufschauend, der ihn erreicht hatte.

„Er ist ganz zerlumpt. Vielleicht ein erfrorener Bettler.“

Schon zeigte sich Sergejs weißblonder Wuschelkopf. Pascal und Hans hatten ihn vom Schnee befreit. Hans legte das Ohr an seine Brust. „Er lebt!“

Pascal hatte die zerschundenen Hände und die Brandblasen gesehen. „Ist das wohl einer von drüben?“ fragte er.

Sergej schlug die Augen auf und murmelte vor sich hin.

---

18 Talbrücke, Überführung

Seine Augen starrten zum Himmel.

„Was ist das für eine Sprache?“ fragte Pascal. „Das ist doch nicht französisch?“

Sergej setzte sich auf. Erst jetzt entdeckte er die beiden. Mißtrauen lag in seinen Zügen. Er prüfte die Umgebung.

„Wo bin ich?“ Er sprach russisch. Die fremden Worte wollten ihm noch nicht einfallen.

„En Suisse“, antwortete Pascal.

„In der Schweiz“, setzte Hans deutsch hinzu.

„Oh“, stammelte Sergej. Er sprang auf und packte Hans mit unerwarteter Leidenschaft am Arm.

„In der Schweiz“, wiederholte er deutsch. „Wirklich in Schweiz? Sag noch einmal. In der *Schweiz????*“

„Aber sicher. In der Schweiz!“ antwortete Hans lächelnd.

Sergej warf die Arme hoch. „In der Schweiz! In der Schweiz!“ jubelte er. Dann legte er beide Hände an den Mund und verteilte rechts und links Kußhände über das Land. Gleich darauf warf er sich wieder zu Boden, und während er kniete, legte er das Gesicht auf die Erde, um auch diese zu küssen.

Hans wandte sich verlegen ab. Wie komisch ist er. Was macht er? So etwas tut man doch nicht. Seit wann küßt man die Erde, dachte er erstaunt.

Pascal aber hatte den Fremden aufmerksam beobachtet. Dann drehte er sich Hans zu. „Euer Land ist heute für Flüchtlinge heiliger Boden“, sagte er leise.

Sergej hatte sich wieder beruhigt. Er besann sich auf Paul.

„Der andere“, rief er. „Wo ist der andere?“ Er warf sich zum zweitenmal nieder und tastete den Schnee rings um das Heu ab. „Wir uns hingelegt.“ Russische Flüche und lange, unverständliche, fremde Wortströme seiner Muttersprache mengten sich in der Erregung zwischen deutsche Erklärungen. „Wir hätten uns nicht hinlegen dürfen. Aber wir waren so müde. So sterbensmüde. Uns war alles gleichgültig."

Schließlich kam ein Ellenbogen, dann ein Haarschopf hervor. Es war „der andere".

„Vorsichtig!" befahl Hans. „Erfrorene Glieder muß man sachte behandeln." Er hob Pauls Kopf und bettete ihn auf seinen Schoß. Dabei fiel das nasse verklebte Haar nach hinten und legte Pauls brandrotes Muttermal bloß. Es sah fast blauviolett im weißen Schnee aus.

Hans starrte betroffen darauf nieder. „Er hat ein Muttermal am linken Ohr", hörte er Mirjams Stimme. „Er hat sehr blonde, fast weiße Haare, die legt er immer wie eine Locke darüber, weil er sich dieses Brandmales schämt. Und er ist ziemlich klein und mager." So hatte Mirjam ihren Freund und Spielgefährten beschrieben. Wie hieß er doch gleich? Es war der Dritte aus Nummer 67. Paul hieß er, Paul, jetzt erinnerte sich Hans daran[19].

Aber nein, er schob die Möglichkeit weit von sich. Das konnte nicht jener Knabe sein. Das gab es nur in Büchern, wo alles zum Schluß wunderbar gut ausgeht. Wieso sollte ein fremder Flüchtling ausgerechnet dieser so weit entfernte, ihm unbekannte Junge sein?

Aber während er sich noch um den leblosen, halb erfrorenen Jüngling bemühte, seine Arme verzweifelt hob und zur Brust niederdrückte, während Pascal und Sergej die Beine freilegten und Hans umsichtig in seinen Wiederbelebungsversuchen unterstützten, fragte Hans dennoch: „Heißt er vielleicht Paul?"

Sergej ließ seine Hände, die Pauls Beine bearbeiteten, fallen und staunte Hans an, als habe er sich verhört. „Ja, er heißt Paul."

„Und kommt er aus Berlin, aus Nummer siebenundsechzig?"

[19] Siehe „Die Kinder auf der Insel"

„Ich glaube, die Nummer nannte er. Ich kannte ihn nicht. Ich russischer Gefangener. Er entdeckte mich, aber statt mich anzuzeigen, verhalf er mir zur Flucht und kam mit."

„Mon dieu", schrie Pascal. „Dann wäre das Mirjams Freund Paul?"

„Er ist es", antwortete Hans.

Endlich kehrte Leben in Pauls Brust zurück, Farbe in seine Wangen. Er schlug die Augen auf und schaute erstaunt um sich.

„Wo bin ich?" fragte er. „Wo?"

„In der Schweiz", antwortete Hans, indem er sich dicht über ihn beugte.

Ein Lächeln glitt über Pauls Gesicht. „In der Zuflucht?" murmelte er. Erst jetzt fiel sein Blick auf Sergej. „Sind wir gerettet?"

„Ja", bestätigte Sergej. „Wir sind gerettet!"

Hans betrachtete Paul. Wie blaß er aussah, fast durchsichtig und weiß. Seine Wangen waren hohl, tiefe Schatten zeichneten sich unter den Augen ab. Er zitterte. Sollte er ihm gleich alles sagen? Hans beschloß zu warten. Es schien ihm selber noch gänzlich unfaßbar, daß das Leben einmal so verlief, wie schöne Geschichten, die uns froh machen.

„Ich werde euch zuerst ins Arzthaus zu unseren Freunden begleiten", hub Hans endlich an. „Dann aber müßt ihr sofort auf die Polizei und euch als Flüchtlinge melden. Flüchtlinge werden interniert – so verlangt es das Gesetz."

„Ich bin ein Deserteur", hauchte Paul. „Ich sollte nach Norwegen zur Flakkompanie." Die Worte kamen zögernd über seine Lippen, und ein leichtes Rot stieg in seine Wangen.

Hans winkte Pascal. Sie hoben Paul auf, schnallten ihre Skier zusammen und legten ihn darauf. Er war zu schwach, um zu gehen. So schleiften sie ihn ins Tal.

Sergej hatte noch Kraft zu laufen. Hans streckte ihm nur seine Schulter zu, damit er den Arm darauf stützen konnte.

Eine Stunde später liegt Paul wohlversorgt auf einem Ruhebett im Arzthaus. Lukas sitzt neben ihm.

„Du bist also der Paul, vielmehr das Paulchen", sagt er freundlich. „Ich weiß schon sehr viel von dir. Willkommen bei uns." Er streckt ihm herzlich die Hand hin.

„Wer bist du?" fragt Paul. Seine Stimme klingt noch schwach, fast tonlos.

„Ich bin Lukas Gellert, ein deutscher Jude, den ihr ...", er stockt, „den sie aus der Heimat vertrieben", vollendet er den Satz.

Paul nickt. „Ja, es tut mir leid. Wir haben euch alle verjagt. Sie sagten uns, ihr seid schlechte Menschen und hättet es verdient. Wir glaubten es auch. Aber woher weißt du eigentlich, wer ich bin?" Er sieht fragend um sich.

Sergej sitzt am Tisch und schlürft schon die zweite Tasse heiße Ovomaltine, die ihn kräftigen soll.

„Von Mirjam", antwortet Lukas.

„Jawohl, von Mirjam", bestätigt Hans. „Wir kennen sie gut." Er tritt näher. Jetzt endlich wollte er alles sagen. Sie waren ja Freunde, er gehörte seit langem zu den Kindern aus Nummer 67. Sie waren eine große Schicksalsgemeinschaft geworden.

Paul schlägt die Hände zusammen. „Du kennst Mirjam? Dann bist du wahrscheinlich der Junge aus Buchillon." Doch gleich darauf scheint auch ihm ein solcher Zufall unmöglich. „Oder?" setzt er fragend dazu.

„Ich bin's", lacht Hans, „ich bin's wirklich. Erst vor einigen Tagen bekam ich einen Brief von Mirjam, in dem sie auch von dir spricht. Willst du ihn lesen? Hier ist er." Er reicht Paul den Brief.

Es war ein Flugpostbrief, dünnes, hauchfeines Papier, vielmal gestempelt, zensuriert und mit sonderbaren Zeichen versehen. Die Schrift war sauber und klar, sehr fein und gleichmäßig abgerundet. Die Buchstaben waren fast zierlich nebeneinandergestellt.

Paul liest:

„Lieber Hans, wie bin ich froh, daß Du, Pascal und unser lieber Lukas trotz dem Krieg glücklich in die Schweiz gelangt seid. Oh, ich denke so oft an Euch und habe großes Verlangen, wieder mit Euch zusammenzusein. Aber ich muß in England bleiben, bis dieser fürchterliche Krieg vorüber ist und die Grenzen aufgehen. Dann will ich mit dem ersten Flugzeug zu Euch kommen. Sollte es nur ein Schiff oder ein Zug sein, so wäre mir das auch recht. Ich möchte nur lieber ein Flugzeug haben, weil es schneller geht. Papa sagt, ein Aufenthalt in den Schweizer Bergen nach den vielen Luftangriffen und schlaflosen Nächten würde uns allen guttun. Besonders Ruth ist sehr zart, und wir bangen oft um sie.

Ich habe meinem Freund Erwin von Dir erzählt. (Das heißt, ich habe ihm geschrieben, denn leider sah ich ihn noch nicht wieder.) Ich habe ihn gebeten, bei Euch nach mir zu fragen. Es kann auch möglich sein, daß noch zwei andere zu Euch kommen, um nach mir zu fragen, denn wo sonst als bei Euch kann man sich treffen und einigermaßen sicher sein, einander zu finden?

Darum also gab ich zwei amerikanischen Freunden Deine Adresse. Der eine ist mein Freund Mackenzie King, der mich von New York bis Kanada begleitet hat, wo ich endlich wieder eine neue Heimat und eine Familie fand[20]. Er wurde Pilot und fliegt jetzt auf Fliegenden Festungen über meine Heimat. Er hat den Befehl erhalten, sie zu zerstören. Da er ein gewissenhafter Mann ist, wird er es auch ausführen, ohne zu wissen, wie schön sie ist. Mich macht das traurig, denn Du weißt, Paulchen, mein einstiger

[20] Vergleiche „Mirjam in Amerika“

Spielgefährte, und viele andere, die ich liebhatte und die einstmals meine Landsleute und Freunde waren, sind dort zurückgeblieben.

Mackenzie King ist ein langer, magrer Mensch und nicht sehr hübsch, aber er ist gut und hat ein großes, hilfreiches Herz, auch wenn er viel flucht. Sein drittes Wort ist ‚Heiliger Bimbam' und ‚Schockschwerenot'. Sollte er kommen, so hilf ihm, denn dann ist er in Not.

Der andere ist ein Neger, ein kleiner, dicker, der wundervoll die Zimbel schlägt und noch viele andere Instrumente beherrscht. Er ist ein Künstler auf seine Art und trägt den seltenen Namen Hesekiel. Das ist, falls Du es nicht wissen solltest, der Name eines biblischen Propheten. Vielleicht ist er deshalb so fromm, denn er vergißt nie zu beten, überläßt alles dem lieben Gott und vertraut auf ihn. Ich verdanke ihm sehr viel. Auch er mußte in den Krieg. Er soll mit seiner Kompanie in einem Panzerwagen in Afrika sein. Vielleicht ist er auch schon in Italien und Euch ganz nahe. Ich weiß es nicht. Aber auch ihm habe ich geraten, wenn er in Not kommt, soll er den Weg zu Euch suchen. Nicht wahr, Ihr werdet ihm helfen, trotzdem er schwarz ist. Er hat nämlich etwas besonders Schönes über Euch gesagt, woraus Du auch gleich erkennen kannst, was für ein Mann das ist.

Es war in jenem Augenblick, als wir uns trennten. Da wollten wir zum Abschied einander unsere Adressen mitgeben und merkten, daß wir keine hatten und nirgends hingehörten. Zum Glück besann ich mich auf Euch und erzählte, daß Ihr noch nicht zerstört seid, sondern in Frieden leben dürft. ‚Dann haben sie Gott lieb', rief er aus. ‚Warum glaubst du das? Du kennst sie ja gar nicht', fragte ich. ‚Weil denen, die Gott lieben, alle Dinge zum besten dienen.' So sagte er, stände es in der Bibel. Ich war ganz beschämt, als ich das hörte, weil ich nicht auf so etwas Feines gekommen wäre.

Doch will ich jetzt hoffen, daß er recht behält und Ihr Euern Frieden behaltet und in keinen Krieg kommt, der Euch zerstört. Leider weiß ich nichts von Paulchen. Es wäre mir sehr bitter, wenn er zugrunde ginge. Denn ich bin sicher, er kann nichts dafür, daß alles so gekommen ist. Sicher ist er unschuldig." –

Bis hierher hat Paul gelesen. Sehr langsam, manchen Satz liest er zweimal. Seine Augen sind schreckhaft aufgerissen. Jetzt legt er den Brief aus der Hand und blickt auf.

„Nein, ich bin nicht unschuldig, ich bin sicher nicht unschuldig. Jetzt weiß ich es. Aber es war schrecklich schwer, sich zurechtzufinden. Es wurde uns so viel gesagt, und es klang alles so richtig. Darüber nachgedacht habe ich nicht." Er hält inne und zögert. Dann sagt er mutig: „Und ich fand es auch großartig, mächtig und stark zu werden und immerzu zu siegen und irgend etwas Neues zu erobern. Ich weiß auch jetzt noch nicht, was eigentlich das Richtige ist."

„Im Augenblick mußt du nicht darüber nachdenken." Der Arzt versucht ihn wieder zurückzulegen. „Du wirst noch sehr viel Zeit dazu haben. Ruhe dich aus und schlafe."

„Man kann auch vieles wiedergutmachen, nicht wahr?" wirft Hans ein, um Paul zu trösten, der unglücklich und verquält vor sich hin sah.

Paul blickt zu ihm auf. „Glaubst du?"

„Er hat mir das Leben gerettet", hört er Sergejewitsch erzählen. „Er hätte mich anzeigen müssen. Dann wäre es mir schlecht ergangen, aber er gab mir seine eigenen Kleider und teilte sein letztes Brot mit mir."

Paul wendet sich Lukas zu, der noch immer bei seinen Füßen sitzt.

„Wirst du es mir nicht nachtragen, weil ich mitgemacht habe? Ich meine, das mit euch Juden?"

„Du mußt jetzt schlafen", sagt Lukas, „du bist krank.

Wenn du dann im Lager bist, schreib' ich dir."

„Ja", setzt Hans dazu, „und wenn ihr Urlaub habt, dürft ihr uns immer besuchen. Dann sprechen wir über alles."

Paul schließt die Augen. Er schläft ein. Auch Sergej hat sich zusammengerollt und schläft fest.

Materialien

1. Lisa Tetzner und ihre Kinderbuchreihe „Die Kinder aus Nr. 67“

1.1 Wer war Lisa Tetzner?

Märchenerzählerin, Kinderfunkleiterin, Dozentin für Sprecherziehung, Kinder- und Jugendbuchautorin, Herausgeberin von Märchensammlungen. Geboren am 10. 11. 1894 in Zittau, gestorben am 2. 7. 1963 in Carona (Schweiz).

Lisa Tetzner war die Tochter eines Arztes und seit ihrem elften Lebensjahr durch eine Krankheit behindert. Gegen den Willen ihres Vaters besuchte sie die Soziale Frauenschule in Berlin. Anschließend belegte sie Kurse für Sprecherziehung und Stimmbildung und wanderte als Märchenerzählerin durch die Dörfer Mittel- und Süddeutschlands. Durch die Bekanntschaft mit Kurt Kläber (Pseudonym: Kurt Held)[1], den sie 1924 heiratete, wandte sie sich stärker sozialen und politischen Fragen zu und begann für Kinder und Jugendliche zu schreiben. Obwohl persönlich nicht gefährdet, folgte sie 1933 – nach Hitlers Machtergreifung – ihrem Mann ins Exil[2] nach Carona (Schweiz). Diese Jahre waren für sie nicht leicht; auch materiell ging es dem Ehepaar Tetzner-Kläber schlecht.

Lisa Tetzners bedeutendstes Werk ist die neunbändige Kinderodyssee[3] „Die Kinder aus Nummer 67“, in der sie zwölf Jahre Faschismus und Krieg anhand der Erlebnisse einer Gruppe von Kindern schildert. Obwohl Lisa Tetzner

---

[1] selbstgewählter Deckname, Künstlername
[2] Verbannung, Zufluchtsort nach erzwungener Auswanderung
[3] Odyssee = Irrfahrt

mit dieser Reihe zu den wenigen Jugendbuchautoren gehört, die sich bereits früh mit dem Nationalsozialismus kritisch auseinandersetzten, wurde ihr Werk nicht entsprechend gewürdigt. Gerade weil sie Faschismus und Krieg mit all ihren Folgen sehr realistisch darstellte und auch weil sie Emigrantin[4] war, war sie in den 50er Jahren – im Zuge der einsetzenden Restauration[5] – teilweise heftigen Angriffen ausgesetzt.

Nach Erich Eberts: Lisa Tetzner. In: Klaus Doderer (Hg.): Lexikon der Kinder- und Jugendliteratur, Bd. 3, Weinheim und Basel (Beltz Verlag) 1979, S. 520 ff., und Uwe Brügmann: Die Darstellung des „Dritten Reiches" im bundesdeutschen Jugendbuch. Eine Zwischenbilanz. In: Buch und Bibliothek 28, Heft 6, 1976, S. 442 und 444 f.

1.2 Übersicht über die Reihe „Die Kinder aus Nr. 67"

Die Reihe „Die Kinder aus Nr. 67" besteht aus neun Bänden. „War Paul schuldig?" ist der zweite Teil des 7. Bandes.

1. Band	ERWIN UND PAUL Die Geschichte einer Freundschaft I. Das gestohlene Brot; II. Der Fußball
2. Band	DAS MÄDCHEN AUS DEM VORDERHAUS I. Der Streit um Piddel; II. Der Maskenball
3. Band	ERWIN KOMMT NACH SCHWEDEN I. Die Flucht; II. Die lange Nacht
4. Band	DAS SCHIFF OHNE HAFEN Die Geschichte von Mirjams großer Reise
5. Band	DIE KINDER AUF DER INSEL Die Geschichte der Schiffbrüchigen

[4] Emigrant = jemand, der aus politischen Gründen auswandert
[5] politisch rückschrittliche, das Alte wiederherstellende Entwicklung

6. Band MIRJAM IN AMERIKA
Mirjams Tagebuch, von ihr selbst erzählt

7. Band WAR PAUL SCHULDIG?
I. Versperrte Straßen und verbotene Wege;
II. War Paul schuldig?

8. Band ALS ICH WIEDERKAM
Erwins Tagebuch

9. Band DER NEUE BUND
I. Die Gerechten; II. Der neue Bund

Lisa Tetzner: Die Kinder aus Nr. 67. Bd. 1 + 2, Sonderausgabe zum Film, Aarau/Frankfurt a. M./Salzburg (Verlag Sauerländer) 1980

Band 1 und 2 sind 1979/1980 unter dem Titel „Die Kinder aus Nr. 67 oder Heil Hitler, ich hätt' gern 'n paar Pferdeäppel ...“ verfilmt worden (Road Movies Filmproduktion GmbH).

„War Paul schuldig?“ ist eine in sich abgeschlossene Geschichte, die man auch ohne die anderen Bände verstehen kann. Trotzdem ist es gut, wenn man die Handlung der anderen Bände etwas näher kennt. Man kann dann Pauls Verhalten besser einschätzen und weiß mehr über Erwin und Mirjam. Deswegen findet ihr im folgenden die Inhaltswiedergabe der ersten drei Bände (zum Teil mit Textauszügen).

Der 1. Band erzählt zunächst davon, wie Paul aus Hunger – sein Vater ist arbeitslos geworden, und die Familie hat nur noch wenig Geld – die Brötchenbeutel und Milchflaschen klaut, die morgens, wenn er ohne Butterbrot in die Schule gehen muß, im Hause vor den Wohnungstüren stehen. Beinahe wird er erwischt – aber Erwin, sein Freund, meint, daß er kein richtiger Dieb sei. Er besorgt ihm eine Stelle als Botenjunge beim Bäcker; dafür bekommt Paul zwei Freibrötchen pro Tag. Er ist nun absolut zuverlässig und stiehlt keine Brötchen mehr.

„Der Fußball", die zweite Geschichte des ersten Bandes, erzählt, was Erwin und Paul alles unternehmen, um einen richtigen Fußball kaufen zu können. Als sie ihn endlich haben, gibt es Ärger, weil sie keinen Spielplatz finden ...[6]

Im 2. Band taucht im Vorderhaus von Nr. 67 plötzlich ein fremdes schwarzhaariges Mädchen auf – Mirjam, die aus Schlesien stammt und nach dem Tode ihrer Mutter nun zu ihrer Tante, der Masken- und Kostümverleiherin Manasse, zieht. Erwin und Heiner mögen Mirjam und möchten sie gerne in ihre Clique aufnehmen; Willi aber, der schon bei den Nazis ist (die Geschichte spielt um 1932), ist dagegen, weil sie angeblich eine „Polnische" und eine Jüdin ist. Bei der Abstimmung der Clique gewinnt Willi: Nur Erwin und Heiner stimmen für die Aufnahme von Mirjam, die anderen sind dagegen. Mirjam hat es nun nicht leicht; ständig wird sie von den Jungen geärgert. Eines Tages entführen die Jungen Mirjams Hund Piddel; sie haben Angst, er könnte ihre geheime Höhle, den Cliquentreff, auskundschaften:

[...]
„Haste nicht meinen Piddel gesehen?" fragte Mirjam. „Ich hab' so Angst, daß er gestohlen wurde oder überfahren ist. Die Tür stand offen."

Paul sieht erwartungsvoll Erwin an. Das ist schwierig. Was wird Erwin antworten? Er stößt ihn an. „Komm doch", bittet er.

Erwin zögert. Er antwortet nicht und steht ratlos da. Mirjam tut ihm schrecklich leid. Aber er darf doch nicht die Clique verraten und Spielverderber werden. Er kann

[6] Diese Erzählung erschien auch in der Reihe der vorliegenden Lesehefte, (Ernst Klett, Nr. 26082) 1981

auch nicht wie ein Mädchen klatschen. Er sieht von Mirjam auf Willi, der soeben mit seinem Paket unter dem Arm durch den Torbogen des Vorderhauses stürmt. Mirjam ist unwillkürlich seinem Blick gefolgt. Sie erblickt das zappelnde, lebendige Paket und errät Erwins Gedanken.

„Such ihn“, stößt Erwin endlich hervor, dann stürmt er fluchtartig seiner Clique nach. Auch Mirjam setzt sich in Bewegung.

„Piddel“, schreit sie, „Piddel! Zu Hilfe, sie wollen meinen Piddel stehlen. Gebt mir den Piddel zurück, bitte, bitte, gebt mir den Piddel zurück.“

In rasendem Lauf drängt sich die Clique durch die Straßenpassanten über die Fahrdämme zur Markthalle.

Einige Leute bleiben stehen und sehen ihm nach. Sie halten auch Mirjams entsetzte Hilferufe nur für ein Spiel, das dazu gehört, und helfen ihr nicht.

Mirjam kann kaum mehr. Sie ist eine gute Läuferin, aber sie weiß in der großen Stadt noch nicht so gut Bescheid. Sie muß viel zu oft auf die roten, grünen oder gelben Lichtzeichen sehen, um zu erfahren, ob sie den Fahrdamm überqueren darf.

Die Clique hat einen großen Vorsprung.

„Sie dürfen Piddel nichts tun. Ich muß ihn wiederhaben.“ Mirjam schlängelt sich zwischen den Autos hindurch und wird fast überfahren.

Jetzt hat die Clique Mirjam gesehen. „Sie ist hinter uns her“, schrien sie. „Die Gummipuppe. Die Polnsche! Die Indianerin! Die Zigeunerin! Die Jüdsche!“ Jeder schreit etwas anderes. Sie überbieten sich im Schreien. Willi führt alle an, und Paul ist jetzt sogar an seiner Seite und fängt genauso laut an mitzubrüllen.

„Sie verfolgt uns. Eilt, sie verfolgt uns.“

Er spornt die Clique zu immer größerer Eile an.

Endlich erreichen sie die Höhle. Mirjam sieht sie eben noch hinter der Markthalle verschwinden.

„Schnell“, brüllt Willi. „Macht die Tür zu, nicht reden.“

Sie kriechen atemlos in der Höhle zusammen. Auch Erwin. Aber er hat ein verbissenes, böses Gesicht. Er weiß gar nicht, warum sich so viel Wut gegen seine eigenen Freunde in ihm ansammelt. Er möchte am liebsten jeden einzelnen verhauen. Und ganz besonders Paul, der plötzlich, wie Willi, die lautesten Schimpfwörter brüllt. Mit unlustigem Gesicht bleibt Erwin hinter der Tür stehen und versucht nachzudenken.

Die anderen flüstern und horchen. „Is sie schon da?“

„Achtung!“ Willi befiehlt: „Wenn se uns entdeckt, wird sie gefangengenommen, damit sie uns nicht verraten kann. Stürzt euch auf sie, haltet ihr den Mund zu, damit sie nich schreien kann.“

Mirjam hat die Spur der Knaben verloren. Sie steht ratlos zwischen den Marktkörben, Karren und Lastautos. Sie wird ärgerlich beiseite gestoßen. Sie weiß, daß sie gleich anfangen wird zu weinen. Vor ihr liegt ein Bretterhaufen. Oder ist es ein Haus? Eine Hütte?

Die Clique ist wie vom Erdboden verschwunden. Sie hört auch keinen Laut mehr von ihnen. „Piddel“, jammert sie, „Piddel!“ Ganz laut ruft sie dann: „Piddel!“ Und noch einmal: „Piddel!“

Da ertönt zwischen dem sonderbaren Bretterstapel vor ihr ein unterdrücktes, knurrendes „Wau – wau – wau“.

Das ist er! Mirjam hat seine Stimme erkannt. „Das ist Piddel.“ Es war nur ein jämmerlicher, leiser Hundelaut, aber es war Piddel.

„Piddel!“

Mirjam stürzt sich auf die Bretterbude. Sie hämmert mit ihren Fäusten dagegen und versucht, zwischen die Bretter zu sehen. Aber sie kann nichts dahinter entdecken.

„Piddel!“

Es bleibt alles still. Sie läuft um die Bude herum. Irgendwo muß doch ein Eingang sein.

An der einen Seite erblickt sie ein loses Brett, vielleicht ist dort eine Tür. Sie hört dahinter flüstern. Ein kurzes, klägliches Heulen.

„Sie quälen meinen Piddel."

Mirjam drängt sich zwischen den Türspalt, den sie entdeckt hat. Doch schon wird sie am Kleid gepackt. Mehrere Hände halten sie zugleich.

„Gefangen! Wir haben dich gefangen", schreit es rings um sie.

Sie versucht sich zu wehren und schaut hilfesuchend um sich. Dort ist Piddel. Sie haben ihn mit Stricken umschnürt, und Emil hält ihm die Schnauze zu.

„Gebt mir meinen Piddel wieder", ruft sie. „Was wollt ihr mit ihm? Laßt mich los. Ich habe euch doch nichts getan."

Willi stellt sich mit Feldherrenmiene vor sie hin. „Dein Piddel hat unseren Braten gefressen, darum muß er sterben. Bindet sie und verhaut sie. Aber feste."

Die Jungen gehorchen dem Befehl. Diesen Augenblick benutzt Mirjam, sie denkt nur an Piddel. Daß sie verhauen werden soll, ist ihr ziemlich gleichgültig. Sie ist nicht feige. Aber erst muß sie Piddel befreien. Ihn dürfen sie nicht quälen. Dann können sie mit der Prügelei beginnen.

Sie springt vor, reißt Emil den Hund aus der Hand, nimmt ihn in ihren Rock und versucht, sich durch die Knaben zu drängen.

„Haltet sie, laßt sie keinesfalls durch", kommandiert Willi zum zweitenmal. „Los doch, haltet sie. Paul, vorwärts! Heiner!" Aber da springt Erwin vor. Er hält es nicht länger aus. Viel zu lange schon ließ er sich verleiten mitzumachen und schwieg.

„Zurück!" ruft er. „Schämt ihr euch denn nicht? Wollt ihr ein unschuldiges Mädchen verhauen – zehn gegen eine?"

Er drängt seine Kameraden beiseite. Seine Kräfte scheinen zu wachsen. Sogar Paul kommt ihm endlich zu Hilfe. Er ist wieder, wie ehemals, an Erwins Seite. Er, der eben noch Mirjam auf Willis Wunsch festhalten wollte, schiebt Willi fort und pufft ihn.

Mirjam drängt sich ebenfalls durch. Es gelingt ihr erstaunlicherweise über die Balken zu klettern, die den Eingang verbarrikadierten. Sie ist gewandt und beweglich wie eine kleine Katze. Sie hat sofort erspäht, an welcher Stelle sie ins Freie gelangen kann.

Erwin hat sich bis zu ihr durchgekämpft, und er hält die wütende Clique mit dem immer lauter kommandierenden Willi zurück.

„Hiergeblieben."

Er zuckt unter Willis Hieben zusammen, aber er weicht nicht. Er hält so lange aus, bis Mirjam genug Vorsprung bekommt. Er hört nicht auf die bösen Worte, die sie hinter Mirjam herschreien und mit denen sie nun auch ihn bewerfen wie mit Steinen. Endlich aber kann er es nicht länger aushalten. Willi gibt ihm einen solchen Schlag über den Nasenrücken, daß er zur Seite taumelt.

„Ihr nach! Auf!"

Erwin hörte nicht mehr, was sie ihr alles noch nachriefen. Er sah nur, daß die ganze Clique – sogar sein Freund Paul, Willi an der Spitze – Mirjam nachstürmte.

„Paul", schreit er entsetzt. „Paule, was tust du?"

Paul drehte sich zögernd ab und kam zu ihm zurück. „Willst du ihr helfen?"

„Will, will", äffte Erwin ihn nach. „Wir müssen ihr helfen. Sie ist schwach und hilflos. Schämen sollen sie sich, zehn gegen eine, und noch dazu gegen eine, die fremd unter uns ist." [...]

Lisa Tetzner: Das Mädchen aus dem Vorderhaus. I. Der Streit um Piddel, 2. Aufl., Aarau/Frankfurt a. M. (Sauerländer Verlag) 1958, S. 55 ff.

Mirjam bricht sich bei dem „Streit um Piddel" ein Bein; trotzdem verrät sie die Jungen nicht an ihre Tante. Das imponiert ihnen so sehr, daß sie sie um Verzeihung bitten und Frieden mit ihr schließen. Vor allem Erwin setzt sich sehr für sie ein:

[. . .] Er wartete, bis alle in der Höhle versammelt waren. Sie sahen ihn erwartungsvoll an, während sie auf Schutt und Brettern herumhockten. Auch Willi war mitgekommen.

„Also, was ist denn los? So red doch endlich."

„Mirjam liegt im Bett", beginnt er. „Sie hat das Bein gebrochen. Sie liegt in einem dicken Verband, einem ganz dicken, eingeschient und festgeschraubt. Sie hätte auch sterben können", setzt er hinzu. Ein wenig übertreiben schadet gar nichts. Sie sollten nur spüren, was sie da angerichtet hatten. „Piddel ist am linken Ohr verletzt, und Mirjams neues Kleid ist hin." Er läßt sich Zeit weiterzuerzählen.

„Na und", drängelt Heiner. „Und? Weiter?"

„Aber sie hat nichts verraten, kein Wort. Sie hat nicht geklatscht. Ihre Tante hat keine Ahnung. Mirjam hat alles auf sich genommen, auch das mit dem Hund. Sie hat gesagt, sie selber hätte ihn so zugerichtet."

„Junge, Junge, alle Achtung. Det hätt ich aber nich erwartet. Is aber wirklich anständig." So rufen sie durcheinander. Sie geraten immer mehr in Erregung.

„Jawohl", schreit Erwin. „Verstecken können wir uns alle vor so 'nem Mädchen. Blödsinnig haben wir uns benommen, wie Schurken, sag' ich. Was heißt denn überhaupt ‚Zigeuner' und ‚Pole' und ‚Jude'. Ist denn das kein Mensch wie wir? Was kann er denn dafür, wenn er anders ist als wir oder anders aussieht? Warum müßt ihr immer wie wild gegen einen losbrüllen, der schwarze Haare oder braune Haut hat? Was hat det mit einem Menschen zu tun! Da leben sie nun neben uns im gleichen Haus, gehen mit uns zur Schule, sitzen auf derselben Bank, und keiner von ihnen hat uns was getan."

„Der Erwin hat recht", ruft Paul. „Die Mirjam hat noch dazu weder Vater noch Mutter und ist ganz fremd hier. Is schließlich nur ein armes kleines Mädchen. Warum soll sie nicht mit uns spielen dürfen?"

Willi sieht Paul an und erhebt drohend die Hand. „Schnattre du jetzt den gleichen Unsinn, dann kannst du etwas erleben und fliegst hochkantig raus."

„Laß ihn nur ruhig sagen, was er denkt", redet Erwin weiter und zieht Paul näher zu sich. „Laß dich nur nicht von Willi einwickeln. Es kann jeder sagen, was er denkt, und mit der Mirjam hat der Paul ganz recht. Aber jetzt geht's gar nich nur um die Mirjam. Ihr schreit ja bei allen andern auch so dumm daher, und ihr glaubt, die mit den blonden Haaren seien mehr wert. Dabei hat der Willi selber schwarze Haare."

Alle lachen laut.

Erwin wird immer kühner. „Und ich seh' auch nicht ein, warum Mädchen weniger sind als wir."

„Sehr richtig", schreit Paul und streckt Willi hinter Erwins Rücken die Zunge heraus.

Willi sieht aus, als würde er sich im nächsten Augenblick auf Erwin und Paul stürzen, um sie beide zu verhauen. „Zum Erwin halten, zu dem!" schreit Willi. „Das werde ich dir heimzahlen. Das soll dir schlecht bekommen."

„Ruhe." Heiner hält ihn zurück. „Laßt den Erwin aussprechen."

„Ich hab' gesagt, wat ich sagen mußte. Ich hoffe, ihr versteht mich. Auf jeden Fall ist es hundsgemein, schwache, hilflose Menschen und obendrein kleine Mädchen anzugreifen und zu hetzen. Wie Schurken haben wir uns betragen." Er stützt seinen Kopf in die Hände und sieht grämlich und verärgert vor sich hin.

„Der Erwin hat recht“, kommen ihm einige zu Hilfe. „Es geht nicht darum, ob einer so oder so aussieht, ob er von da oder von dorther kommt, ob er Junge oder Mädchen ist, sondern ob er anständig handelt. Wie er is, det is dat Wichtigste.“

„Jawohl, sein Charakter ist wichtig“, bekräftigt Heiner, „ob einer gut oder böse is.“

Erwin nickt ihm dankbar zu. „Ja, det wollte ich sagen. Bei der Mirjam habt ihr nun gesehen, was für ein feiner Kerl sie ist, und selbst wenn sie sogar eine wirkliche Indianerin wäre, det zählt allens nicht, wenn sie gut is und recht tut.“

„Nich verklatscht hat sie uns! Toll, einfach toll.“

„Aber det konnten wir doch vorher nich wissen“, ruft Willi dazwischen. Er hat mit seinen Stiefelabsätzen immer mehr Löcher in den Boden gegraben, um seine Unlust und sein Mißfallen auszudrücken.

„Daran siehst du doch, dat es keine Art is, nur loszuhetzen, um einen Jux zu haben und sich wichtig zu machen.“

„Sehr richtig“, bekräftigte Paul. Sein Freund Erwin ist doch ein feiner Kerl, und Paul ist wieder bereit, ihm durch dick und dünn zu folgen und nicht mehr mit Willi in die neue Jugendgruppe zu gehen, obwohl er schrecklich gern marschiert und exerziert und Willi ihm das lange Messer versorgt hat, mit dem er später mal in den Krieg ziehen will, um ordentlich was zu erleben und Heldentaten zu vollbringen.

Willi trommelt ungeduldig mit der Hand gegen die Bretter. Er möchte gern auch etwas sagen, aber es fällt ihm nichts ein. „Biste noch nich bald fertig?“ fragt er schließlich. „Du predigst wie einer von der Heilsarmee.“

„Wenn es dir nicht paßt, kannst du gehen“, ruft Erwin. „Ich will sagen können, was ich denke.“

„Wäre ohnehin an der Zeit, daß wir einen neuen Häuptling kriegen“, ruft Heiner.

„Aber klar, bin ich auch sehr dafür“, schreit Paulchen.

Die anderen schweigen.

Willi sieht sich um. Hielt denn keiner mehr zu ihm? Er steht auf.

„Na denn, guten Abend“, sagte er, „und viel Vergnügen.“ Er kroch beleidigt hinaus.

An diesem Tag wurde Erwin Häuptling der Clique. Er wurde einstimmig gewählt. Sie gingen einzeln auf ihn zu, gaben ihm einen Handschlag und sagten: „Parole, Sternenhimmel. Es lebe Sternenhimmel, unser Häuptling.“

Erwin freute sich sehr. [. . .]

Lisa Tetzner: Das Mädchen aus dem Vorderhaus. I. Der Streit um Piddel, 2. Aufl., Aarau/Frankfurt a. M. (Sauerländer Verlag) 1958, S. 70 ff.

Der 3. Band spielt nach der Machtergreifung Hitlers im Januar 1933. Pauls Vater ist Nazi geworden; er ist der neuen Regierung dankbar, weil er wieder Arbeit gefunden hat. Auch Paul ist zu den Nazis übergegangen. Mirjam und ihre Tante sind dagegen nach Paris geflohen, weil sie als Juden verfolgt werden. Auch Erwins Vater, der Mitglied der SPD ist, ist gefährdet. Er wird verhaftet und in ein KZ gebracht, kann aber zum Glück aus dem Lager ausbrechen. Er und Erwin fliehen über die Grenze nach Belgien, dann nach Paris, wo Erwin Mirjam wiedersieht, und schließlich nach Schweden.

2. Kindheit und Jugend im 3. Reich
1. Teil: Die Mitläufer

2.1 Paul und die Hitler-Jugend

Paul ist Mitglied der Hitler-Jugend (HJ). Wenn ihr mehr über die HJ wissen wollt, lest die beiden folgenden Textabschnitte:

Die Erziehung der Jugend war straff organisiert. Seit 1936 war mit dem 10. Lebensjahr die Mitgliedschaft in der „Hitlerjugend“ (HJ) gesetzliche Pflicht. Mit ihren Unterabteilungen für Jungen von 10 bis 14 Jahren („Jungvolk“) und entsprechenden Abteilungen für Mädchen („Bund Deutscher Mädel“ [BDM] und „Jungmädelbund“ [JM]) sorgte die staatliche Jugendorganisation für die „weltanschauliche“ und vormilitärische Ausbildung aller Jugendlichen. Von der „Jugendbewegung“[7] der Schüler und der Arbeiterjugend übernahm die HJ die Zeltlager- und Lagerfeuerromantik. Der „Dienst“, zweimal wöchentlich nachmittags oder abends, hatte z. B. „Das Leben des Führers“, Kleinkaliberschießen oder Exerzierübungen auf dem Programm. Der Grundsatz „Jugend wird durch Jugend geführt“, bei dem 14jährige die „Jungvolk-Mitglieder“ einer ganzen Schule kommandieren konnten, diente der rechtzeitigen „Auslese“ von „Führernaturen“.

Joachim Hoffmann: Geschichtliche Weltkunde, Bd. 3, Frankfurt a. M./Berlin/München (Diesterweg) 1976, S. 110

---

[7] Protestbewegung der zwanziger Jahre, die sich für die Rückkehr zu einem freien, naturverbundenen Leben einsetzte

Rede Hitlers in Reichenberg (1938):

„Diese Jugend, die lernt ja nichts anderes als deutsch denken, deutsch handeln. Und wenn nun dieser Knabe und dieses Mädchen mit ihren zehn Jahren in unsere Organisationen hineinkommen und dort nun so oft zum erstenmal überhaupt eine frische Luft bekommen und fühlen, dann kommen sie vier Jahre später vom Jungvolk in die Hitlerjugend, und dort behalten wir sie wieder vier Jahre, und dann geben wir sie erst recht nicht zurück in die Hände unserer alten Klassen- und Standeserzeuger, sondern dann nehmen wir sie sofort in die Partei oder in die Arbeitsfront, in die SA[8] oder in die SS[9], in das NSKK [= NS-Kraftfahrerkorps] und so weiter. Und wenn sie dort zwei Jahre oder anderthalb Jahre sind und noch nicht ganz Nationalsozialisten geworden sein sollten, dann kommen sie in den Arbeitsdienst und werden dort wieder sechs und sieben Monate geschliffen, alle mit einem Symbol, dem deutschen Spaten. Und was dann nach sechs oder sieben Monaten noch an Klassenbewußtsein oder Standesdünkel da oder da noch vorhanden sein sollte, das übernimmt dann die Wehrmacht zur weiteren Behandlung auf zwei Jahre. Und wenn sie dann nach zwei oder drei oder vier Jahren zurückkehren, dann nehmen wir sie, damit sie auf keinen Fall rückfällig werden, sofort wieder in SA, SS und so weiter. Und sie werden nicht mehr frei, ihr ganzes Leben."

Dorothea Stanić (Hg.): Kinder im KZ, Berlin (Elefanten Press) 1979, S. 34

---

8 Abk. für: Sturmabteilung (Kampftruppe Hitlers)
9 Abk. für: Sturmstaffel

2.2 Der Vormarsch der deutschen Truppen und der Angriff auf die Sowjetunion

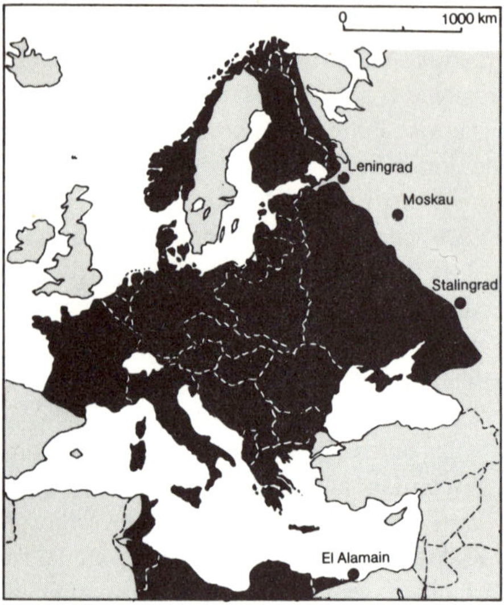

Die größte Ausdehnung des deutsch-italienischen Machtbereichs (1942)

Auf Seite 9f. überlegt Paul, wie es zum Angriff auf die Sowjetunion kam, mit der Deutschland ursprünglich verbündet war. Wenn ihr folgenden Abschnitt aus einem Geschichtsbuch lest, wird euch auffallen, daß Paul die Ursachen für den Kriegsausbruch ganz anders beurteilt als die Historiker.

Seit Dezember 1940 wurden umfassende Vorbereitungen für einen Angriff [auf die Sowjetunion] getroffen. Trotzdem scheint Stalin auf einen solchen nicht gefaßt gewesen zu sein; er war sogar bereit, die vertraglich vereinbarten Lieferungen z. B. an Getreide fortzusetzen und darüber hinaus weitere Abmachungen zu treffen. Trotz englischer Warnungen an Stalin traf der deutsche Angriff [deswegen] zunächst auf ein militärisch nicht gerüstetes Rußland. Am 22. Juni 1941 brach eine gewaltige deutsche Streitmacht [...] auf einer Front von 1600 km in Rußland ein [und] brachte dem unvorbereiteten Gegner ungeheure Verluste bei.

Robert Mangelsdorf/Willi Andreas (Hg.): Werden und Wirken, Bd. 3, Karlsruhe (Braun) 1957, S. 181

2.3 Paul verrät seinen Lehrer

Paul verrät seinen Lehrer Brummel an die Nazis (man sagt in diesem Zusammenhang auch: Er denunziert ihn), obwohl er Brummel mag und nicht schlimm findet, was er im Geschichtsunterricht gesagt hat. Vielleicht könnt ihr Pauls Verhalten besser verstehen, wenn ihr noch einmal lest, was die Verfasserin auf S. 6f. über ihn sagt.

Im folgenden Textausschnitt erinnert sich Max von der Grün, der zur Zeit des 3. Reiches etwa so alt war wie Paul, an seinen Deutschlehrer, der – ähnlich wie Brummel – mit dem Nationalsozialismus nicht einverstanden war. Auch dieser Junge mag seinen Lehrer; hier geht die Geschichte aber anders aus ...

In Deutschland traute einer dem andern nicht mehr. Denunzieren wurde zur vaterländischen Ehre. Es genügte, den Arm zum Gruß nicht zu heben, und schon war man verdächtig. Gerichtsverfahren gab es kaum noch, und wenn es dennoch dazu kam, stand das Urteil vorher schon fest. Die eigentlichen Richter waren Polizei, Gestapo[10] und SD (Sicherheitsdienst) geworden. Sie entschieden über Freiheit und Gefangenschaft, Leben und Tod. Wir Kinder

---
10 Abk. für: Geheime Staatspolizei

wußten von alle dem gar nichts oder hörten nur gerüchteweise davon. Selbst ich wußte nicht mehr als die anderen, obwohl mein Vater im KZ war. Dies hatten die amtlichen Stellen meiner Mutter mittlerweile in wenigen Worten mitgeteilt. Mein Vater befand sich im KZ Flossenbürg und arbeitete dort in den Granitbrüchen[11].

Eines Tages ging mein Deutschlehrer mit mir zusammen nach dem Unterricht nach Hause, da wir in der gleichen Straße wohnten. Vor unserem Haus gab er mir ein in Zeitungspapier eingewickeltes Päckchen. Beschwörend sagte er mir, ich dürfe es niemandem zeigen und mit niemandem darüber sprechen.

Das Päckchen enthielt ein Buch. Stefan Zweigs „Sternstunden der Menschheit“[12]. Für mich war es die Sternstunde meines Lebens: Ich begann bewußt zu lesen. Ich fing an, mich für Geschichte zu interessieren, und das las sich alles ganz anders als das, was wir im Unterricht hörten. Mir wurden Zusammenhänge klarer, kurzum, ich begann die Geschichte der Besiegten zu lesen, nicht die der Sieger. Ich hatte zum ersten Mal Zugang zur Literatur gefunden.

Ich habe oft darüber nachgedacht, warum er gerade mir das Buch gegeben hat. Vielleicht, weil er wußte, daß ich gerne las, aber seiner Meinung nach nicht die Bücher, die ich hätte lesen sollen. Und vielleicht auch, weil er wußte, daß mein Vater im KZ saß und ich nicht ausplaudern würde, daß er mir verbotene Literatur gegeben hatte.

---

[11] Der Vater war verhaftet worden, weil er Zeitungen und Zeitschriften aus der Tschechoslowakei nach Deutschland schmuggelte. Und zwar machte er das so: Er schraubte die Lenkstange seines Fahrrads ab, rollte die Zeitungen so eng zusammen, daß sie in den Rahmen paßten, schraubte die Lenkstange wieder auf und fuhr dann über die Grenze. Die Nazis aber kamen irgendwann einmal hinter seinen Trick.

[12] Dieses Buch enthält Schilderungen historischer Begebenheiten (z. B. des Kampfes um den Südpol), die aus der Sicht der erlebenden Figuren geschrieben sind.

Doch meine Mutter hatte mich gelehrt, besser ein Wort zuwenig als eines zuviel zu sagen.

Mein Deutschlehrer hat mir durch Literatur die Augen geöffnet. Im Kohlenkeller hinter den Stößen des Winterholzes hatte er seine Bücher versteckt, die zu besitzen lebensgefährlich war. Mitte der fünfziger Jahre ist er in meiner fränkischen Heimat gestorben, ein alter, ausgelaugter Mann. Obwohl ich damals kaum Geld hatte, bin ich mit dem Zug zu seiner Beerdigung gefahren. Als mich der Pfarrer, der mich konfirmiert hatte, erkannte, sprach er mich an. Er fragte, warum ich den weiten Weg gemacht hatte und ob mir mein alter Lehrer denn so viel bedeutete? „Ja“, antwortete ich, „für mich war er ein großer Mann.“ Als ich sein erstauntes Gesicht sah, fügte ich hinzu: „In der Zeit damals, wo es schon den Tod bedeuten konnte, nicht zu jubeln, wenn jubeln befohlen wurde, da hat er nicht gejubelt.“ Der Pfarrer verabschiedete sich. Ein Jahr später ist auch er gestorben. Zu seiner Beerdigung bin ich nicht gefahren. Er hatte mich einmal in der Kirche beim Konfirmandenunterricht geohrfeigt, weil ich ihn gefragt hatte, ob es Gottes Wille sei, daß mein Vater im KZ sitze.

„Alle Obrigkeit ist von Gott“, hatte er gesagt.

Und ich erwiderte: „Dann stimmt entweder der liebe Gott nicht oder die Obrigkeit.“

Ich weiß heute nicht mehr, woher ich den Mut hatte, das zu sagen. Meine Mutter jedenfalls weinte, als ihr der Vorfall berichtet wurde. Sie fürchtete, daß ich noch mehr in Schwierigkeiten kommen könnte als ohnehin, weil mein Vater nicht wie andere anständige Deutsche im Krieg war oder in der Heimat für den Krieg arbeitete, sondern hinter Stacheldraht „verwahrt“ wurde.

Max von der Grün: Wie war das eigentlich? Kindheit und Jugend im Dritten Reich, Darmstadt/Neuwied (Luchterhand) 1979, S. 160 ff.

3. Kindheit und Jugend im 3. Reich
2. Teil: Die Opfer

So wie Paul oder Heiner und Willi sich verhalten, haben sich die meisten Menschen im 3. Reich verhalten: Sie haben geglaubt, was ihnen gesagt wurde; sie haben mitgemacht – die einen mehr, die anderen weniger, manchmal vielleicht auch ein schlechtes Gefühl gehabt, und sie haben gehofft, daß Deutschland groß und stark würde. Es gibt aber auch andere – die, die vom Nationalsozialismus verfolgt wurden, nämlich Juden (wie Mirjam), Sozialdemokraten (wie Erwins Vater), Kommunisten, Christen, Zigeuner und Geisteskranke. Außerdem gibt es die, die nicht mitmachten, sondern Widerstand leisteten und natürlich auch verfolgt wurden (Sozialdemokraten, Kommunisten, Christen und andere). Zu beiden Gruppen gehörten nicht nur Erwachsene, sondern auch Jugendliche, zu den Opfern sogar Kinder.

3.1 Ein Kinderbrief (1933)

Diesen Brief schreibt ein dreizehnjähriger Junge, der bis zu seiner Emigration aus Deutschland die zweite Gymnasialklasse in einer süddeutschen Provinzstadt besuchte. Er ist der Sohn eines jüdischen Vaters und einer christlichen Mutter; das Kind wurde protestantisch erzogen. Der Vater war Sozialdemokrat.

Lieber Onkel!
Du fragst, wie es mir jetzt geht. Herrlich! Paris ist wunderbar. Und wenn es nicht Paris wäre, dann wäre es auch schön. Die Schilderung, die ich Dir jetzt von meinem Schulleben in Deutschland geben will, wird schwer. Vieles

habe ich schon vergessen, und vieles kann ich nicht schreiben. Aber es war schrecklich!

In meiner Klasse war ich der einzige Jude. Aber ich bin doch gar kein Jude. Bis Ostern war ich Protestant. Dann hat man herausbekommen, das Papa Jude ist, und da wurde ich auch ein Jude. Jetzt war alles anders. Keiner ging mehr mit mir, ich bekam keine Antwort mehr. Und in der Klasse wollte niemand mehr neben mir sitzen. Früher wollte jeder, weil ich doch der Beste war und jeder abschreiben wollte. Nun mußte ich mich auf die letzte Bank ganz allein setzen. Zuerst war ich furchtbar traurig. Auch weil die Lehrer, die mich immer gern hatten, mich nicht mehr leiden mochten.

Wenn sie ins Zimmer kamen, mußte alles aufspringen und mit der rechten ausgestreckten Hand „Heil Hitler" rufen. Ich auch. Oder nicht. Das weiß ich nicht. Habe ich mitgemacht, dann rief die Klasse „Der Jud entweiht unsern Gruß", und wenn ich nicht rief, dann schrie mich der Lehrer an „Warte, du Marxistenbankert". Und dann mußte ich ganz allein dreimal „Heil Hitler" rufen. Und die ganze Klasse lachte! Ich habe Angst gehabt zu weinen. Dann bin ich oft zu spät gekommen, damit ich nicht „Heil Hitler" rufen muß. Da hat der Lehrer mir Strafarbeit gegeben. Ins Klassenbuch schrieb er dann: „wegen jüdischer Schlamperei". Zweimal hab ich auch Ohrfeigen bekommen. Auch da hat die Bande immer laut gelacht. Sie schrien ganz laut, daß es auch der Lehrer hören konnte, „Marxistenhund". Aber er sagte nichts. Wenn ich einmal aufgerufen wurde, nur noch selten, dann rief er immer: „Jud L.". Einmal wußte ich nichts – früher hab ich immer alles gekonnt –, da sagte er, ob ich auch nichts weiter könne wie brandstiften und morden wie der Vater.

In die Religion durfte ich nicht mehr gehn. Der Religionslehrer hatte nämlich gesagt, ich sei kein Protestant, sondern ein Jude und solle zum Rabbiner. Dabei war ich doch immer

Protestant. So hatte ich überhaupt keine Religion und bekam aber eine „Fünf". Ist das nicht gemein?

Aber am schlimmsten war es in den Pausen im Hof und beim Turnen, Singen und Zeichnen. Wir Kinder von jüdischen und marxistischen Eltern mußten in eine kleine Ecke im Schulhof. Da gab es auch immer gleich Streit. Die andern schrien zu uns gemeine Sachen herüber und warfen mit Steinen nach uns. Einmal habe ich mich gewehrt, da verhauten sie mich ganz elend. Und die Aufsicht kam nicht einmal her. Wir hatten beim Rektor gebeten, daß wir in den Pausen im Zimmer bleiben dürften, das hat er aber abgelehnt. Viele gingen während der Pausen aus Angst auf den Abort. Da kamen sie nicht hin, weil der ihrige von unserem getrennt worden war. Aber einmal suchten sie einen von der vierten Klasse, der nicht außen war, und da kamen sie auf den Abort und verprügelten ihn, als es läutete und er herauskommen mußte.

Beim Unterricht schimpften die Lehrer furchtbar, obwohl ich gar nichts getan habe. Wenn mir dann, obwohl ich mich zusammennahm, die Tränen kamen, hieß es, ich sei eine gemeine, feige Memme, wie die ganze Marxistenbrut. Auch „Bastard" und „Hurenkind" haben sie mich genannt. Der Geschichtsprofessor hat mir einmal gesagt, als ich keine Antwort geben konnte, daß ich genau wie der Vater einmal geschächtet[13] werde.

Im Turnen war ich immer sehr gut, und jetzt habe ich mich oft gedrückt. Mitspielen durfte ich nicht, nicht einmal in der Reihe mitturnen. Aber allein mußte ich Übungen machen, und die andern schauten zu. Ich bekam nie einen Hilfemann hingestellt. Und dann suchten sie für mich Übungen, die die Andern nicht machten und bei denen ich mir immer furchtbar weh tat. Aber ich ließ mir nichts anmerken, weil sie sonst gelacht hätten.

---

[13] Tiere nach jüdischem Ritus (ohne Betäubung) schlachten

Beim Singen war es noch ärger. Natürlich mußte ich die Nazilieder mitsingen. Aber wenn ich sang, bekam ich von vorn und hinten Püffe. Die Texte von den Liedern und vom Horst-Wessel-Lied mußte ich auch lernen und dann allein hersagen. Da lachten sie wieder und riefen gemeine Sachen. Und beim Zeichnen mußte ich weiter nichts wie Hakenkreuze malen. Einmal bekam ich Arrest, weil es krumm geworden ist. Ins Klassenbuch schrieb er dann: „wegen Verächtlichmachung des deutschen Hoheitszeichens".

Ich habe mich sehr oft krank melden lassen, weil ichs nicht aushielt. Der Geschichtsprofessor sagte einmal, „Verbrecher wie dein Vater" hätten sich der Befreiung Deutschlands entgegengestellt. Und in Mathematik bekam ich „wegen Sabotage"[14] auch Arrest. Ich hatte falsch gerechnet, und der Professor sagte, „die Juden könnten doch so gut rechnen". Deshalb habe ich Sabotage getrieben.

Früher bin ich immer der Beste in der Klasse gewesen, und am Schluß war ich der Schlechteste. Ob ich etwas konnte oder nicht, ich bekam immer die schlechteste Note. Wenn einer in der Klasse etwas angestellt hatte, wurde es auf mich geschoben. Ich war der Sündenbock für alles. Widersprach ich, so hieß es, ich sei ein jüdisch-marxistischer Lügner. Jede Woche hatte ich mindestens zweimal Arrest.

Die neue Weltbühne, Jg. 2 (Wien) 1933, S. 1403ff.

14 hier: mit Absicht Fehler machen

Kind bei der Einnahme des Warschauer Gettos durch die Nazis (1943)

3.2 Kinder auf dem Weg ins KZ[15]

Die Straße liegt still im Morgennebel. Bäume verlieren fröstelnd ihre Blätter. Ein alter Bauer fährt aufs Feld, um Grünfutter zu schneiden. Er schnalzt mit der Zunge. Sein Falbe biegt in den Feldweg ein.

---

15 Abk. für: Konzentrationslager

Unten in Weimar steigt Rauch aus den Schornsteinen der Bürgerhäuser. Dort wird jetzt gefrühstückt. Mütter gießen warme Milch in die Tassen ihrer Kinder. „Hi“, sagt ein kleines Mädchen, „Milch schmeckt nicht. Warum geben Kühe keinen Kakao?“

Eine tausendköpfige Menschenschlange windet sich die Straße hinauf zum Ettersberg. Die kleinen, schmalen Gestalten zwischen den Großen – das sind Kinder. Jungen zwischen acht und sechzehn Jahren. Gefangene. In Viehwaggons, auf Lastautos, zu Fuß wurden sie von Sammellager zu Sammellager gescheucht. Viele sind unterwegs gestorben. Die es bis hierher geschafft haben, begreifen immer noch nicht, was mit ihnen geschieht. Sie wissen nicht, wo ihre Mütter sind, ob ihre Väter noch leben, ihre Schwestern und Brüder. Sie sind halbtot vor Angst und Schwäche.

Den Zug begleiten kräftige Kerle in Uniformen, Mordskerle mit Totenkopf am Kragen. Die wollen, daß hier tüchtig marschiert wird, ein Lied, zwei, drei, auf der Heide blüht ein kleines Blümelein, zwei, drei.

„Warum singt ihr nicht, ihr Schweine?“

„Prosze?[16] Bitte?“ Der alte Mann mit dem geblümten Bündel auf der Schulter hat den Oberscharführer nicht verstanden.

Der findet das empörend. Dieser polnische Untermensch versteht kein Deutsch? Der Holzknüppel trifft das geblümte Bündel. Es platzt. Ein blaues Töpfchen fällt heraus, rollt über die Straße in den Graben. Ein Bild zersplittert auf dem Asphalt. Der SS-Mann tritt mit dem Stiefel in die Scherben. Der alte Mann sieht den Oberscharführer hilflos bittend an. „Prosze?“ fragt er wieder.

„Lauf, hol dir deinen Topp“, sagt der SS-Mann leutselig und entblößt schöne, weiße Zähne.

16 polnisch: bitte

„Prosze?“

„Der Mann versteht nicht deutsche Sprache“, erklärt ein Junge, der hinter dem Alten geht.

„Aber du verstehst deutsche Sprache? Dann lauf du, na los doch, hau ab.“

Der Junge will schon aus dem Zug, da warnt ihn ein lauerndes Glitzern im Blick des Uniformierten. Er marschiert weiter, sehr aufrecht, sehr angespannt, die Augen auf das Genick des alten Mannes geheftet. „Ist ja nicht mein Topf“, sagt er mit fester Stimme.

Der SS-Mann ist einen Augenblick sprachlos. Dann lacht er: „Da hast du recht. Wozu braucht der alte Jude noch seinen Kochtopp? Der hat sowieso nichts mehr zu kochen.“

Dem Jungen graut es. Er versucht, unauffällig vom Rand des Zuges wegzukommen, will sich zwischen die anderen schieben. Aber die wollen auch nicht an den Rand. Keiner will an den Rand. Jeder ist froh, wenn er in der Mitte gehen kann. In der Mitte ist man durch die Leiber der anderen geschützt. So lange Arme hat kein SS-Mann, daß er bis in die Mitte prügeln kann.

Der Junge bemüht sich, nicht zu humpeln. Ihm fehlt ein Schuh. Er hat ihn verloren, als er heute früh in Weimar an der Bahnhofsrampe aus dem Waggon stürzte, gestoßen von den herausquellenden Kameraden. Sie haben zwei Tage und zwei Nächte in dem rollenden Gefängnis gestanden, gekniet, gehockt; am Anfang in panischer Angst, ersticken zu müssen, verzweifelt über den Luftmangel und den Gestank, dann immer schwächer werdend, immer gleichgültiger. Als endlich die Waggontür aufgeschoben wurde und mit einem Schlag kalte frische Morgenluft auf die Erschöpften prallte, erwachte ihr Lebenswille und trieb sie vorwärts, schnell, schnell ins Freie, nur raus aus dieser Grabkammer, weg von den Gestorbenen.

Und dabei stürzte Janusz Kowalski, verlor seinen Schuh,

wollte ihn suchen, wurde weitergeboxt, heulte, bekam Tritte, kroch auf dem Schotter herum, hatte plötzlich ein weißatmendes Hundemaul vor dem Gesicht, sprang entsetzt auf – und reihte sich zitternd in den Zug der Gefangenen ein.

Lange hat der Dreizehnjährige gehofft, daß alles nur ein grauenhafter Traum ist. Spätestens seit er nur noch den einen Schuh besitzt und am anderen Fuß schmerzhaft die Straßensteine spürt, weiß er: Das ist kein Traum. Und es wächst in ihm ein wütender Gedanke: Durchhalten! Die Schuhe hat ihm der Vater gekauft, zu Hause in Kraków bei einem Schuhmacher in der Grodzkastraße, und er hat gesagt: „Die müssen eine Weile halten, Janek, damit wird nicht wieder Fußball gespielt. Ich weiß nicht, wann ich dir neue kaufen kann. Es ist Krieg." Er hat nicht aufgepaßt auf die Schuhe. Von nun an will er aufpassen. Er will nach Hause zurückkommen, und wenn er bis Kraków zu Fuß gehen muß.

Nimmt denn die Straße kein Ende? Acht Kilometer sind viel für Schwache. Wie lange laufen sie schon, die achthundert Männer und die zweihundert Jungen? Drei Stunden, vier Stunden, fünf Stunden?

Der Oberscharführer sieht auf die Uhr. „Schweinerei, jetzt aber Tempo." Oben im SS-Kasino wartet sein Mittagessen, und er treibt sich mit diesem Haufen eine Ewigkeit auf der Straße herum. „Macht den Kerlen Beine."

Da kommt Leben in die gelangweilt nebenherlaufenden SS-Männer. Sie straffen sich, schlagen mit Knüppeln, Peitschen, Gewehrkolben auf die Gefangenen ein und haben ihren Spaß daran, daß die wie Hasen zu rennen beginnen.

Janusz bekommt einen heftigen Stoß in den Rücken und fliegt gegen den langen Wojciech. Der stolpert, Janusz fällt über ihn, beide reißen sich hoch, rennen keuchend um ihr Leben. Andere bleiben liegen, werden getreten, schreien, rappeln sich mit letzter Kraft auf, schleppen sich blutend weiter, Wahnsinn in den Augen. Nur ein Gedanke beherrscht sie: Weg von den Schlägen, nicht liegenbleiben hier auf der Straße, nicht sterben, nicht sterben.

Der Oberscharführer setzt die Trillerpfeife an den Mund. Ein Pfiff, und seine Leute bringen wieder Ordnung in den Häftlingszug. Die Reihen werden ausgerichtet, und weiter geht es: „Im Gleichschritt, marsch!"

Die Gefangenen geben sich Mühe, nicht mehr zu keuchen, um Himmels willen nicht aufzufallen.

Ein kleiner Junge neben Janusz wimmert: „Mama, Mama, ich will zu meiner Mama." Es ist Andrzej, den Janusz aus der Schule kennt. Ein frecher Teufel war das zu Hause, immer zu Streichen aufgelegt, der Schrecken der Lehrer. Clown hat er werden wollen.

„Nicht heulen, Kumpel", sagt Janusz, „sieh mal, ich habe nur noch einen Schuh." Und er wackelt mit dem großen Zeh, der aus dem durchgelaufenen Strumpf heraussieht.

Aber Andrzej lacht nicht. „Warum sind sie so böse zu uns, Janek?"

„Es sind Deutsche", sagt Janusz trocken. Für ihn genügt das seit sechs Wochen.

„Wohin bringen sie uns?"

„In den Zirkus." Janusz schneidet eine Fratze. Hanka hat sich immer halbtot gelacht, wenn er so gräßlich schielte und mit der Zunge die Nasenspitze berührte.

Andrzej lacht auch jetzt nicht. „Ich hab Angst."

Janusz nimmt seine Hand und preßt sie so fest, daß der Kleine aufstöhnt: „Au, du tust mir weh!"

„Wenn wir jammern, tun sie uns noch mehr weh!"

„Ich hab Hunger."

„Wenn wir da sind, kriegen wir zu essen."

„Glaubst du wirklich?" Andrzej sieht hoffnungsvoll zu dem Größeren auf.

Janusz glaubt es nicht. Er kann sich nicht vorstellen, daß sie noch einmal ein so gutes Gefühl erleben werden wie satt sein. Aber er will, daß der Kleine es glaubt, damit er weiterläuft. Nur das scheint Janusz jetzt wichtig: ein Bein vor das andere setzen, bei jedem Schritt die tödliche Angst besiegen. Er tritt mit dem bloßen Fuß auf einen spitzen Kiesel. Das tut weh. Janusz setzt den Fuß nur noch fester auf. Man kann sich zwingen, Schmerz zu ertragen, weiß er. Sie haben zu Hause einen Sport daraus gemacht – um der Ehre willen. Er hat sich mit Messern geritzt, mit Nadeln gestochen, er hat sich sogar einmal einen Knopf an die Backe genäht, weil keiner seiner Freunde glaubte, daß er das wirklich tun würde. Nun wird er wohl mit einem Schuh laufen können.

Vor einer hölzernen Barackenwand dürfen sie endlich stehenbleiben, einen Augenblick verpusten. Dann werden sie mit Püffen und Gebrüll in 20-Mann-Trupps eingeteilt, und es geht zur Aufnahme.

Stunden dauert es, bis alle aufgeschrieben sind und ihre Häftlingsnummer haben. Dann müssen sie wieder antreten, schwankend, zu Tode erschöpft. Sie sollen die Rücken straffen und die Köpfe wenden, die Augen links.

Ein SS-Offizier bleibt stehen und läßt eine Schimpfkanonade los: „Ihr polnischen Dreckschweine! Ihr Saujuden! Ihr seid hier nicht im Sanatorium! Wer das noch nicht begriffen hat, dem wird es beigebracht. Wir werden euch zu brauchbaren Menschen machen, oder ihr verreckt hier, kapiert?“

Angewidert läßt der Obersturmführer seinen Blick über die Reihen gleiten. Nein, es lohnt sich nicht, denen zu erzählen, was deutsche Ordnung, deutsche Sauberkeit ist. Und dieses kleine Kröpelzeug dazwischen. Wozu die so was überhaupt herschicken? „Scheiße“, sagt der Obersturmführer noch und geht wieder.

Die Sonne versinkt rot hinter den Bäumen, als der Zug

vor dem Lagertor von Buchenwald steht. Kaum einer hebt die schweren Augenlider, um den Spruch zu lesen, der in schmiedeeisernen Buchstaben über dem Eingang höhnt: „Jedem das Seine!“

Gisela Karau: Janusz K. oder Viele Worte haben einen doppelten Sinn, 2. überarbeitete Auflage, Berlin/DDR (Der Kinderbuch Verlag), S. 5 ff.

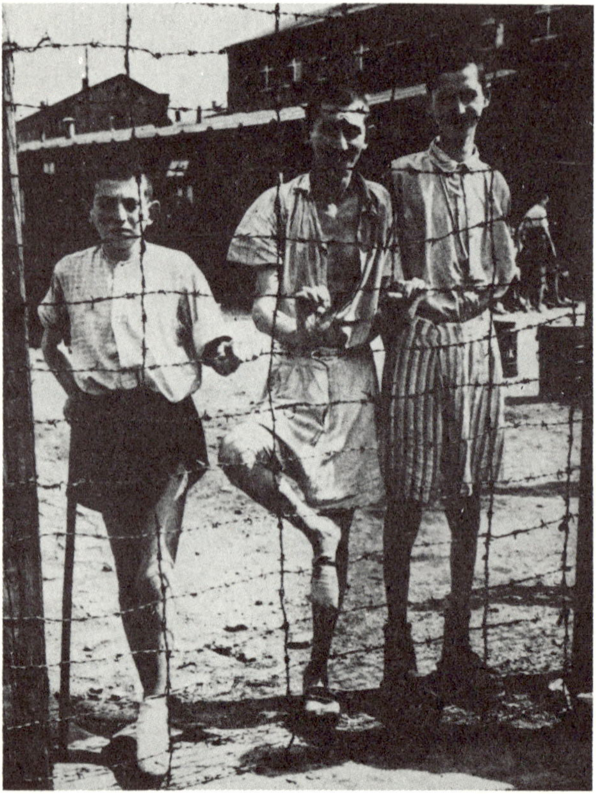

Kinder und Jugendliche im KZ

Aus einem Lesebuch im Dritten Reich

4. Der totale Krieg – und das Kriegsende

4.1 Die Schlacht bei Stalingrad (1943)

Am 8. Januar forderten die Sowjets General Paulus, den Befehlshaber der 6. Armee im eingeschlossenen Stalingrad, zur Übergabe auf. Paulus lehnte auf Befehl Hitlers ab. Daraufhin begann am 10. Januar der sowjetische Sturm auf Stalingrad. Am 31. Januar war dieser sinnlose Kampf zu Ende, und damit begann der Anfang vom Ende des Krieges.

Die Schlacht um Stalingrad kostete 146000 Soldaten das Leben, 90000 gingen in die Gefangenschaft, aus der viele nicht mehr zurückkehrten.

Max von der Grün: Wie war das eigentlich? Kindheit und Jugend im Dritten Reich, Darmstadt/Neuwied (Luchterhand) 1979, S. 200

4.2 Der totale Krieg

In einer Rede, die der Propagandaminister Goebbels etwa zwei Wochen nach der Schlacht bei Stalingrad hielt (am 18. Feb. 1943), ruft er die Deutschen zum totalen Krieg auf.

Ich frage euch: Glaubt ihr mit dem Führer und mit uns an den endgültigen totalen Sieg des deutschen Volkes?

Ich frage euch: Seid ihr entschlossen, dem Führer in der Erkämpfung des Sieges durch dick und dünn und unter Aufnahme auch der schwersten persönlichen Belastungen zu folgen?

Ich frage euch: Seid ihr und ist das deutsche Volk entschlossen, wenn der Führer es befiehlt, zehn, zwölf und wenn nötig vierzehn und sechzehn Stunden täglich zu arbeiten und das letzte herzugeben für den Sieg?

Die Engländer behaupten, das deutsche Volk wehrt sich gegen die totalen Kriegsmaßnahmen der Regierung. Es will nicht den totalen Krieg, sondern die Kapitulation.

(Zuruf: „Niemals! Niemals! Niemals!“)

Ich frage euch: Wollt ihr den totalen Krieg? Wollt ihr ihn, wenn nötig, totaler und radikaler, als wir ihn uns heute überhaupt noch vorstellen können?

Die Engländer behaupten, das deutsche Volk hat sein Vertrauen zum Führer verloren.

Ich frage euch: Ist euer Vertrauen zum Führer heute größer, gläubiger und unerschütterlicher denn je?

(Die Menge erhebt sich wie ein Mann. Sprechchöre: „Führer, befiehl, wir folgen!“)

Der Führer hat befohlen, wir werden ihm folgen. Wenn wir je treu und unverbrüchlich an den Sieg geglaubt haben, dann in dieser Stunde der nationalen Besinnung und der inneren Aufrichtung. Wir sehen ihn greifbar nahe vor uns liegen; wir müssen nur zufassen. Wir müssen nur die Entschlußkraft aufbringen, alles andere seinem Dienst unterzuordnen. Das ist das Gebot der Stunde. Und darum lautet die Parole: „Nun, Volk, steh auf, und Sturm, brich los!“

Zeiten und Menschen, Bd. 4, Ausgabe B, Paderborn (Schöningh/ Schroedel) 1978, S. 142

Deutsche Soldaten nach dem Scheitern des Rußlandfeldzuges

4.3 Bombennächte

Nachdem Hitler 1940 das „Ausradieren" von London und anderen englischen Städten versucht hatte (vgl. den Text, Seite 11), begannen 1942 die Engländer und Amerikaner den Bombenkrieg gegen Deutschland. Nicht nur Berlin, sondern fast alle größeren Städte wurden durch die Bombenangriffe stark zerstört. Im folgenden findet ihr einen Polizeibericht über die Angriffe auf Hamburg.

„In den 10 Tagen und Nächten vom 25. Juli bis 3. August 1943 fanden 7 Angriffe auf Hamburg statt, davon 4 Großangriffe, die zusammen über 11 Stunden dauerten und über 40000 Tote unter der Bevölkerung forderten. Planmäßig wurde ein Stadtteil nach dem anderen angegriffen ...

Das Feuer hatte sich zu einem Orkan entwickelt, der das Betreten des Freien meist unmöglich machte. Der über viele Quadratkilometer tobende Feuersturm hatte unzählige Menschen rettungslos eingeschlossen ... Die Schrekkensszenen, die sich im Feuersturmgebiet abgespielt haben, sind unbeschreiblich. Kinder wurden durch die Gewalt des Orkans von der Hand der Eltern gerissen und ins Feuer gewirbelt. Menschen, die sich gerettet glaubten, fielen vor der alles vernichtenden Gewalt der Hitze um und starben in Augenblicken. Flüchtende mußten sich ihren Weg über Sterbende und Tote bahnen. Kranke und Gebrechliche mußten von den Rettern zurückgelassen werden, da diese selbst in Gefahr gerieten, zu verbrennen."

Offizieller Bericht über die Großangriffe auf Hamburg 1943. Aus dem „Bericht des Polizeipräsidenten als örtlicher Luftschutzleiter", zit. nach: Klöss: Der Luftkrieg über Deutschland 1939–1945. München 1963, S. 55f., 125

Eine Frau, die von den Trümmern verschüttet war

Von Bomben zerstörte Großstadt

4.4 Das Ende

Um den Kampfgeist aufrechtzuhalten und neu anzufachen, ließ Hitler noch in den letzten Kampftagen 20 Hitlerjungen in das zerstörte Berlin kommen und zeichnete sie mit dem Eisernen Kreuz aus. Eine der letzten Aufnahmen Hitlers. (Vgl. S. 142/143 oben) *Deutsche Wochenschau, 1945*

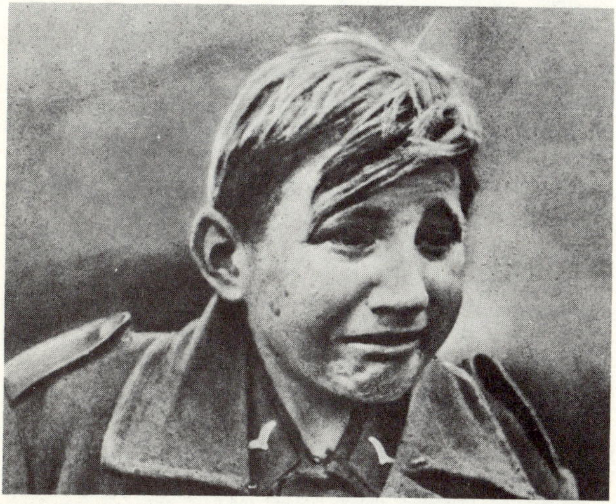

Weinender Hitlerjunge (16 Jahre alt) – Kriegsende 1945

5. Kindheit und Jugend im 3. Reich
3. Teil: Widerstandsgruppen

Außer den Mitläufern, den aktiven Mitmachern und den Opfern gab es im 3. Reich auch Menschen, die gegen den Nationalsozialismus Widerstand leisteten – darunter auch junge Leute. Am bekanntesten von ihnen sind die Geschwister Scholl geworden. Sie waren Studenten aus München, die Flugblätter gegen die Nazis verteilten. Bei einer solchen Flugblattaktion fielen sie der Gestapo in die Hände und wurden hingerichtet (22. 2. 1943). Es gab aber auch andere, eher unpolitische Formen von Widerstand, z. B. Jugendliche, die keine Lust hatten, sich dem Drill der Hitlerjugend zu unterwerfen, und die zunächst mehr gefühlsmäßig gegen Hitler waren. Sie bildeten eigene Gruppen, die sich an die Tradition der bündischen Jugend[17] anlehnten, sie sangen zur Klampfe[18] ihre eigenen Lieder und machten ihre eigenen Ausflüge. Später bekämpften sie dann in gezielteren Aktionen HJ und SS.

Im folgenden könnt ihr Berichte über Jugendliche in Köln lesen, genannt „Navajos“ (nach einem Indianerstamm), „Nerother“ (nach einem ehemaligen Jugendbund), „Kanonenkeller“ oder „Edelweißpiraten“.

---

17 „bündisch“ kommt von „Jugendbund“. Die bündische Jugend ist entstanden aus der „Jugendbewegung“ (siehe Fußnote 7, S. 120)

18 Wandergitarre

5.1 Bericht eines Edelweißpiraten (Auszug)

Ich bin Jahrgang 1929 und gehörte den Edelweißpiraten an. Die Edelweißpiraten waren gewissermaßen ein Überbleibsel der bündischen Jugend. Äußerlich zeichneten wir uns durch den Versuch aus, eine „Gegenuniform" zu den Braunen zu tragen, beispielsweise weiße Kniestrümpfe und, wenn die Umstände es erlaubten, eine Edelweißblume am Hut. [...] Solche losen Gruppen trafen und versammelten sich im Volksgarten, am Manderscheider Platz, im Nippeser Loch, in der Moselstraße, in Ehrenfeld und Kalk[19]. Wir sangen häufig Lieder, die zum Repertoire[20] der bündischen Jugend gehörten und deren Beherrschung auch ein Erkennungszeichen unter uns darstellte. Gewiß gab es in diesem Rahmen auch einen gehörigen Hauch von Romantik und Abenteuerlust, die typisch sein mögen für Jungen in diesem Alter, aber unverkennbar war die grundsätzliche Opposition zum Nationalsozialismus, da diese Romantik ja auch bei der HJ hätte befriedigt werden können. [...]

Reinhard Hocker (Hg.): Vergangenheitsbewältigung im Amt, Köln (Selbstverlag) o. Jg., S. 9

---

19 Plätze und Stadtteile in Köln
20 hier: Gesamtheit der auswendig gelernten Lieder

5.2 Verbotene Lieder

„Wenn die Sirenen in Hamburg ertönen,
müssen Navajos an Bord.
In einer Kneipe von einem Madel
fällt uns der Abschied nicht schwer.
Rio de Janeiro, ahoi Caballero,
Edelweißpiraten sind treu ..."

„Was kann das Leben Hitlers uns geben,
wir wollen frei von Hitler sein.
Hei, wo die Fahrtenmesser blitzen
und die Hitlerjungen flitzen ..."

Alexander Goeb: Er war sechzehn, als man ihn hängte. Das kurze Leben des Widerstandskämpfers Bartholomäus Schink, Reinbek bei Hamburg (Rowohlt Taschenbuch Verlag) 1981, S. 15 (panther 4768)

„Des Hitlers Zwang, der macht uns klein,
Noch liegen wir in Ketten.
Doch einmal werden wir wieder frei,
Wir werden die Ketten schon brechen.
Denn unsere Fäuste, die sind hart,
Ja – und die Messer sitzen los,
Für die Freiheit der Jugend kämpfen Navajos."

Reinhold Billstein (Hg.): Das andere Köln. Demokratische Traditionen seit der Französischen Revolution, Köln (Pahl Rugenstein) 1979, S. 338

Ein anderes beliebtes Lied, das ihr sicher kennt, war „Wir lagen vor Madagaskar". Die Jugendlichen hatten außerdem eine ganz bestimmte Art, sich zu grüßen: Sie sagten „Horrido" und „Ahoi" und drückten sich die Hand mit eingezogenem kleinem Finger.

5.3 Aktionen der Widerstandsgruppen

An einem Heim des Bundes Deutscher Mädchen (BDM) drückten die Jugendlichen das Gitter ein, zerschlugen die Fensterscheiben und zündeten eine Gardine an. Eine Gruppe hatte eine Karikatur gegen die „Navajos" in einem HJ-Aushängekasten angezündet. Eine andere hatte sich mit einer Verkehrsstreife des Nationalsozialistischen Kraftfahrerkorps (NSKK) eine Schlägerei geliefert. Sogar in der Untersuchungshaft sangen sie noch ihre Lieder. Die Strafen für all das lagen zwischen 6 Wochen und 3 Monaten Gefängnis. Trotzdem rechnete die Kölner Gestapo (zu Recht) damit, „daß mit Eintritt der wärmeren Jahreszeit (Frühjahr) diese Burschen unter Tarnung mit anderen Kleidungsstücken oder anderer Kluft ihr gesetzwidriges Verhalten fortsetzen werden".

Interessant ist, daß eine bündische Jugendgruppe ihre Arbeit bis 1937 innerhalb des Katholischen Jungmänner-Verbandes weiterführen konnte und Domvikar Teusch, der die „Abwehrstelle" der Erzdiözese Köln leitete, ihr dafür einen Raum in seinem Haus zur Verfügung stellte, den sie entsprechend ihrer Tradition mit Stahlhelm, Seitengewehr und einer rotgrauen Fahne ausgestaltete.

Manchmal traten die bündischen Jugendgruppen geradezu massiert auf. So berichtete die Kölner Gestapo Anfang 1938, „daß Konzertveranstaltungen des Donkosaken-Chors und anderer Emigrantenchöre vorwiegend von den Angehörigen der verbotenen bündischen Jugend besucht werden. Bis zu Anfang des Jahres erschienen sie sogar in bündischer Kluft oder waren mit bündischen Abzeichen versehen. Sie zeichneten sich durch besonders lauten und anhaltenden Beifall aus. Am Schluß wurde gewöhnlich das bündische Lied ‚Platoff' verlangt." Über ein solches Konzert in den Kölner Messehallen am 31.

Januar 1936 schrieb auch der „Westdeutsche Beobachter" einen wütenden Bericht.

Reinhold Billstein (Hg.): Das andere Köln. Demokratische Traditionen seit der Französischen Revolution, Köln (Pahl Rugenstein) 1979, S. 333 f.

In der Kriegszeit wurden die Kölner Jugendgruppen zahlenmäßig sogar noch stärker. Die Auseinandersetzungen mit den HJ-Streifen wurden häufiger und die Jugendgruppen zunehmend politischer. Ähnlich wie Paul sich mit einem geflüchteten russischen Kriegsgefangenen zusammentut, verbinden sich auch in dem völlig von Bomben zerstörten Köln zahlreiche Jugendliche mit ausländischen Zwangsarbeitern (genannt Fremdarbeiter), um sich dem Nazi-Regime besser entziehen zu können bzw. sich gemeinsam dagegen zu wehren und eine baldige Beendigung des Krieges herbeizuführen.

In den Trümmern Kölns fanden sich mit der Zeit halblegale und illegale Gruppen von verwaisten und obdachlosen Kindern und Jugendlichen (unter ihnen zahlreiche „Edelweißpiraten"), geflohenen Ausländern, vom Kriegsdienst desertierten und politisch verfolgten Deutschen sowie Kriminellen zusammen. Ihre Zahl war gegen Ende des Krieges auf mehrere Tausend angewachsen. Um zu überleben, mußten sie Lebensmittel, Kleidung und Brennmaterial aus Eisenbahnwaggons, Lagern und Geschäften plündern. Um sich gegen mögliche Angriffe verteidigen zu können, hatten sie sich schwer bewaffnet. Zum Teil gingen sie sogar dazu über, gezielt Nazifunktionsträger zu erschießen, darunter den Leiter der Gestapo Köln, SS-Sturmbannführer Hofmann, 7 Polizeibeamte, 5 NS-Leiter, 1 SA- und 1 HJ-Mann sowie 5 Wehrmachtsangehörige. Die größte derartige Gruppe existierte in Ehrenfeld und bestand – nach Feststellungen der Gestapo – aus 128 Mitgliedern. Außerdem soll es 20 andere Gruppen mit 3–20 Mitgliedern gegeben haben.

Reinhold Billstein (Hg.): Das andere Köln. Demokratische Traditionen seit der Französischen Revolution, Köln (Pahl Rugenstein) 1979, S. 340

Die Ehrenfelder Gruppe plante außerdem die Sprengung des Gestapo-Gebäudes in Köln und die Verhinderung der Sprengung der Kölner Rheinbrücken. Zu einer Verwirklichung dieser Pläne kam es aber nicht mehr, da die Gruppe von der Gestapo zerschlagen wurde. Am 25. 10. 1944 wurden elf ausländische Gruppenmitglieder, die aus der Sowjetunion und Polen stammten, öffentlich hingerichtet. Am 10. 11. 1944 folgte die Erhängung von dreizehn deutschen Mitgliedern, zu denen auch der erst sechzehnjährige Bartholomäus Schink gehörte.

Die Edelweißpiraten sind heute allerdings nicht als Widerstandskämpfer anerkannt. Näheres erfahrt ihr darüber in folgendem Buch:

Alexander Goeb: Er war sechzehn, als man ihn hängte. Das kurze Leben des Widerstandskämpfers Bartholomäus Schink, Reinbek bei Hamburg (rororo panther) 1981.

6. Widerstand im Alltag

6.1 Anna Seghers: Das Obdach

An einem Morgen im September 1940, als auf der Place de la Concorde in Paris die größte Hakenkreuzfahne der deutsch besetzten Länder wehte und die Schlangen vor den Läden so lang wie die Straßen selbst waren, erfuhr eine gewisse Luise Meunier, Frau eines Drehers, Mutter von drei Kindern, daß man in einem Geschäft im XIV. Arrondissement Eier kaufen könnte.

Sie machte sich rasch auf, stand eine Stunde Schlange, bekam fünf Eier, für jedes Familienmitglied eins. Dabei war ihr eingefallen, daß hier in derselben Straße eine Schulfreundin lebte, Annette Villard, Hotelangestellte. Sie traf die Villard auch an, jedoch in einem für diese ruhige, ordentliche Person befremdlich erregten Zustand.

Die Villard erzählte, Fenster und Waschbecken scheuernd, wobei ihr die Meunier manchen Handgriff tat, daß gestern mittag die Gestapo einen Mieter verhaftet habe, der sich im Hotel als Elsässer eingetragen, jedoch, wie sich inzwischen herausgestellt hatte, aus einem deutschen Konzentrationslager vor einigen Jahren entflohen war. Der Mieter, erzählte die Villard, Scheiben reibend, sei in die Santé gebracht worden, von dort aus würde er bald nach Deutschland abtransportiert werden und wahrscheinlich an die Wand gestellt. Doch was ihr weit näher gehe als der Mieter, denn schließlich: Mann sei Mann, Krieg sei Krieg, das sei der Sohn des Mieters. Der Deutsche habe nämlich ein Kind, einen Knaben von zwölf Jahren, der habe mit ihm das Zimmer geteilt, sei hier in die Schule gegangen, rede französisch wie sie selbst, die Mutter sei tot, die Verhältnisse seien undurchsichtig wie meistens bei den Fremden. Der Knabe habe, heimkommend von der Schule, die Verhaftung des Vaters stumm, ohne Tränen, zur Kenntnis genommen. Doch von dem Gestapooffizier aufgefordert, sein Zeug zusammenzupacken, damit er am nächsten Tag abgeholt werden könne und nach Deutschland zurückgebracht zu seinen Verwandten, da habe er plötzlich laut erwidert, er schmisse sich eher unter ein Auto, als daß er in diese Familie zurückkehre. Der Gestapooffizier habe ihm scharf erwidert, es drehe sich nicht darum, zurück oder nicht zurück, sondern zu den Verwandten zurück oder in die Korrektionsanstalt. – Der Knabe habe Vertrauen zu ihr, Annette, er habe sie in der Nacht um Hilfe gebeten, sie habe ihn auch frühmorgens weg in ein kleines Café gebracht, dessen Wirt ihr Freund sei. Da sitze er nun und warte. Sie habe geglaubt, es sei leicht, den Knaben unterzubringen, doch bisher habe sie immer nur nein gehört, die Furcht sei zu groß. Die eigene Wirtin fürchte sich sehr vor den Deutschen und sei erbost über die Flucht des Knaben.

Die Meunier hatte sich alles schweigend angehört; erst als sie fertig war, sagte sie: „Ich möchte gern einmal einen solchen Knaben sehen." Worauf ihr die Villard das Café nannte und noch hinzufügte: „Du fürchtest dich doch nicht etwa, dem Jungen Wäsche zu bringen?"

Der Wirt des Cafés, bei dem sie sich durch einen Zettel der Villard auswies, führte sie in sein morgens geschlossenes Billardzimmer. Da saß der Knabe und sah in den Hof. Der Knabe war so groß wie ihr ältester Sohn, er war auch ähnlich gekleidet, seine Augen waren grau, in seinen Zügen war nichts Besonderes, was ihn als den Sohn eines Fremden stempelte. Die Meunier erklärte, sie brächte ihm Wäsche. Er dankte nicht, er sah ihr nur plötzlich scharf ins Gesicht. Die Meunier war bisher eine Mutter gewesen wie alle Mütter: Schlange stehen, aus nichts etwas, aus etwas viel machen, Heimarbeit zu der Hausarbeit übernehmen, das alles war selbstverständlich. Jetzt, unter dem Blick des Jungen, wuchs mit gewaltigem Maß das Selbstverständliche, und mit dem Maß ihre Kraft. Sie sagte: „Sei heute abend um sieben im Café Biard an den Hallen."

Sie machte sich eilig heim. Um weniges ansehnlich auf den Tisch zu bringen, braucht es lange Küche. Ihr Mann war schon da. Er hatte ein Kriegsjahr in der Maginotlinie gelegen, er war seit drei Wochen demobilisiert, vor einer Woche hatte sein Betrieb wieder aufgemacht, er war auf Halbtagsarbeit gesetzt, er verbrachte den größten Teil der Freizeit in der Wirtschaft, dann kam er wütend über sich selbst heim, weil er von den wenigen Sous noch welche in der Wirtschaft gelassen hatte. Die Frau, zu bewegt, um auf seine Miene zu achten, begann zugleich mit dem Eierschlagen ihren Bericht, der bei dem Mann vorbauen sollte. Doch wie sie auf dem Punkt angelangt war, der fremde Knabe sei aus dem Hotel gelaufen, er suche in Paris Schutz vor den Deutschen, unterbrach er sie folgendermaßen: „Deine Freundin Annette hat wirklich sehr dumm getan, einen solchen Unsinn zu unterstützen. Ich hätte an ihrer Stelle den Jungen eingesperrt. Der Deutsche soll selbst sehn, wie er mit seinen Landsleuten fertig wird ... Er hat selbst nicht für sein Kind gesorgt. Der Offizier hat also auch recht, wenn er das Kind nach Haus schickt. Der Hitler hat nun einmal die Welt besetzt, da nützen keine Phrasen was dagegen." Worauf die Frau schlau genug war, rasch etwas anderes zu erzählen. In ihrem Herzen sah sie zum erstenmal klar, was aus dem Mann geworden war, der früher bei jedem Streik, bei jeder Demonstration mitgemacht hatte und sich am 14. Juli stets so betragen, als wollte er ganz allein die Bastille noch einmal stürmen. Er glich aber jenem Riesen Christophorus in dem Märchen – ihm gleichen viele –, der immer zu dem übergeht, der ihm am stärksten scheint und sich als stärker erweist als sein jeweiliger Herr, so daß er zuletzt beim Teufel endet. Doch weder in der Natur der Frau noch in ihrem ausgefüllten Tag war Raum zum Trauern. Der Mann war nun einmal ihr

Mann, sie war nun einmal die Frau, da war nun einmal der fremde Junge, der jetzt auf sie wartete. Sie lief daher abends in das Café bei den Hallen und sagte zu dem Kind: „Ich kann dich erst morgen zu mir nehmen." Der Knabe sah sie wieder scharf an, er sagte: „Sie brauchen mich nicht zu nehmen, wenn Sie Angst haben." Die Frau erwiderte trocken, es handle sich nur darum, einen Tag zu warten. Sie bat die Wirtin, das Kind eine Nacht zu behalten, es sei mit ihr verwandt. An dieser Bitte war nichts Besonderes, da Paris von Flüchtlingen wimmelte.

Am nächsten Tag erklärte sie ihrem Mann: „Ich habe meine Kusine Alice getroffen, ihr Mann ist in Pithiviers im Gefangenenlazarett, sie will ihn ein paar Tage besuchen. Sie hat mich gebeten, ihr Kind solange aufzunehmen." Der Mann, der Fremde in seinen vier Wänden nicht leiden konnte, erwiderte: „Daß ja kein Dauerzustand daraus wird." Sie richtete also für den Knaben eine Matratze. Sie hatte ihn unterwegs gefragt: „Warum willst du eigentlich nicht zurück?" Er hatte geantwortet: „Sie können mich immer noch hierlassen, wenn Sie Angst haben. Zu meinen Verwandten werde ich doch nicht gehen. Meine Mutter und mein Vater wurden beide von Hitler verhaftet. Sie schrieben und druckten und verteilten Flugblätter. Meine Mutter starb. Sie sehen, mir fehlt ein Vorderzahn. Den hat man mir dort in der Schule ausgeschlagen, weil ich ihr Lied nicht mitsingen wollte. Auch meine Verwandten waren Nazis. Die quälten mich am meisten. Die beschimpften Vater und Mutter." Die Frau hatte ihn nur darauf gebeten zu schweigen, dem Mann gegenüber, den Kindern, den Nachbarn.

Die Kinder konnten den fremden Knaben weder gut noch schlecht leiden. Er hielt sich abseits und lachte nicht. Der Mann konnte den Knaben sofort nicht leiden; er sagte, der Blick des Knaben mißfalle ihm. Er schalt seine Frau, die von der eigenen Ration dem Knaben abgab, er schalt auch die Kusine, es sei eine Zumutung, anderen Kinder aufzuladen. Und solche Klagen pflegten bei ihm in Belehrungen überzugehen, der Krieg sei nun einmal verloren, die Deutschen hätten nun einmal das Land besetzt, die hätten aber Disziplin, die verstünden sich auf Ordnung. Als einmal der Junge die Milchkanne umstieß, sprang er los und schlug ihn. Die Frau wollte später den Jungen trösten, der aber sagte: „Noch besser hier als dort."

„Ich möchte", sagte der Mann, „einmal wieder ein richtiges Stück Käse zum Nachtisch haben." Am Abend kam er ganz aufgeregt heim. „Stell dir vor, was ich gesehen habe. Ein riesiges deutsches Lastauto, ganz voll mit Käse. Die kaufen, was sie Lust haben. Die drucken Millionen und geben sie aus."

Nach zwei, drei Wochen begab sich die Meunier zu ihrer Freundin Annette. Die war über den Besuch nicht erfreut, bedeutete ihr, sich in diesem Stadtviertel nicht mehr blicken zu lassen, die Gestapo hätte geflucht, gedroht. Sie hätte sogar herausbekommen, in welchem Café der Knabe gewartet habe, auch daß ihn dort eine Frau besuchte, daß beide den Ort zu verschiedenen Zeiten verließen. – Auf ihrem Heimweg bedachte die Meunier noch einmal die Gefahr, in die sie sich und die Ihren brachte. Wie lange sie auch erwog, was sie ohne Erwägen in einem raschen Gefühl getan hatte, der Heimweg selbst bestätigte ihren Entschluß: die Schlangen vor den offenen Geschäften, die Läden vor den geschlossenen, das Hupen der deutschen Autos, die über die Boulevards sausten, und über den Toren die Hakenkreuze. So daß sie bei ihrem Eintritt in ihre Küche dem fremden Knaben in einem zweiten Willkomm übers Haar strich.

Der Mann aber fuhr sie an, sie hätte an diesem Kind einen Narren gefressen. Er selber ließ seine Mürrischkeit, da die eigenen Kinder ihn dauerten – alle Hoffnungen hatten sich plötzlich in eine klägliche Aussicht verwandelt auf eine trübe, unfreie Zukunft –, an dem fremden aus. Da der Knabe zu vorsichtig war und zu schweigsam, um einen Anlaß zu geben, schlug er ihn ohne solchen, indem er behauptete, der Blick des Knaben sei frech. Er selber war um sein letztes Vergnügen gebracht worden. Er hatte noch immer den größten Teil seiner freien Zeit in der Wirtschaft verbracht, was ihn etwas erleichtert hatte. Jetzt war einem Schmied am Ende der Gasse die Schmiede von den Deutschen beschlagnahmt worden.

Die Gasse, bisher recht still und hakenkreuzfrei, fing plötzlich von deutschen Monteuren zu wimmeln an. Es stauten sich deutsche Wagen, die repariert werden sollten, und Nazisoldaten besetzten die Wirtschaft und fühlten sich dort daheim. Der Mann der Meunier konnte den Anblick nicht ertragen. Oft fand ihn die Frau stumm vor dem Küchentisch. Sie fragte ihn einmal, als er fast eine Stunde reglos gesessen hatte, den Kopf auf den Armen, mit offenen Augen, woran er wohl eben gedacht habe. „An nichts und an alles. Und außerdem noch an etwas ganz Abgelegenes. Ich habe soeben, stell dir vor, an diesen Deutschen gedacht, von dem dir deine Freundin Annette erzählt hat, ich weiß nicht, ob du dich noch erinnerst, der Deutsche, der gegen Hitler war, der Deutsche, den die Deutschen verhafteten. Ich möchte wohl wissen, was aus ihm geworden ist. Aus ihm und seinem Sohn." Die Meunier erwiderte: „Ich habe kürzlich die Villard getroffen. Sie haben damals den Deutschen in die Santé gebracht. Er ist inzwischen vielleicht schon erschlagen worden. Das Kind ist verschwunden. Paris ist groß. Es wird sich ein Obdach gefunden haben."

Da niemand gern zwischen Nazisoldaten sein Glas austrank, zog man oft mit ein paar Flaschen in Meuniers Küche, was ihnen früher ungewohnt gewesen wäre und beinah zuwider. Die meisten waren Meuniers Arbeitskollegen aus demselben Betrieb, man sprach freiweg. Der Chef in dem Betrieb hatte sein Büro dem deutschen Kommissar eingeräumt. Der ging und kam nach Belieben. Die deutschen Sachverständigen prüften, wogen, nahmen ab. Man gab sich nicht einmal mehr Mühe, in den Büros der Verwaltung geheimzuhalten, für wen geschuftet wurde. Die Fertigteile aus dem zusammengeraubten Metall wurden nach dem Osten geschickt, um anderen Völkern die Gurgel abzudrehen. Das war das Ende vom Lied, verkürzte Arbeitszeit, verkürzter Arbeitslohn, Zwangstransporte. Die Meunier ließ ihre Läden herunter, man dämpfte die Stimmen. Der fremde Junge senkte die Augen, als fürchte er selbst, sein Blick sei so scharf, daß er sein Herz verraten könne. Er war so bleich, so hager geworden, daß ihn der Meunier mürrisch betrachtete und die Furcht äußerte, er möge von einer Krankheit befallen sein und die eigenen Kinder noch anstecken. Die Meunier hatte an sich selbst einen Brief geschrieben, in dem die Kusine bat, den Knaben noch zu behalten, ihr Mann sei schwer krank, sie ziehe vor, sich für eine Weile in seiner Nähe einzumieten. – „Die macht sich's bequem mit ihrem Bengel", sagte der Mann. Die Meunier lobte eilig den Jungen, er sei sehr anstellig, er ginge schon jeden Morgen um vier Uhr in die Hallen, zum Beispiel hätte er heute dieses Stück Rindfleisch ohne Karten ergattert.

Auf dem gleichen Hof mit den Meuniers wohnten zwei Schwestern, die waren immer recht übel gewesen, jetzt gingen sie gern in die Wirtschaft hinüber und hockten auf den Knien der deutschen Monteure. Der Polizist sah sich's an, dann nahm er die beiden Schwestern mit aufs Revier, sie heulten und sträubten sich, er ließ sie in die Kontrolliste eintragen. Die ganze Gasse freute sich sehr darüber, doch leider wurden die Schwestern jetzt noch viel übler, die deutschen Monteure gingen bei ihnen jetzt aus und ein, sie machten den Hof zu dem ihren, man hörte den Lärm in Meuniers Küche. Dem Meunier und seinen Gästen war es längst nicht mehr zum Lachen, der Meunier lobte jetzt nicht mehr die deutsche Ordnung, mit feiner, gewissenhafter, gründlicher Ordnung war ihm das Leben zerstört worden, im Betrieb und daheim, seine kleinen und großen Freuden, sein Wohlstand, seine Ehre, seine Ruhe, seine Nahrung, seine Luft.

Eines Tages fand sich der Meunier allein mit seiner Frau. Nach langem Schweigen brach es aus ihm heraus, er rief: „Sie haben die Macht, was willst du! Wie stark ist dieser Teufel! Wenn es nur auf der Welt einen gäbe, der stärker wäre als er! Wir aber, wir sind ohnmächtig. Wir machen den Mund auf, und sie schlagen uns tot. Aber der Deutsche, von dem dir einmal deine Annette erzählt hat, du hast ihn vielleicht vergessen, ich nicht. Er hat immerhin was riskiert. Und sein Sohn, alle Achtung! Deine Kusine mag sich selbst aus dem Dreck helfen mit ihrem Bengel. Das macht mich nicht warm. Den Sohn dieses Deutschen, den würde ich aufnehmen, der könnte mich warm machen. Ich würde ihn höher halten als meine eigenen Söhne, ich würde ihn besser füttern. Einen solchen Knaben bei sich zu beherbergen, und diese Banditen gehen aus und ein und ahnen nicht, was ich wage und was ich für einer bin und wen ich versteckt habe! Ich würde mit offenen Armen einen solchen Jungen aufnehmen." Die Frau drehte sich weg und sagte: „Du hast ihn bereits aufgenommen."

Ich habe diese Geschichte erzählen hören in meinem Hotel im XIV. Arrondissement von jener Annette, die dort ihren Dienst genommen hatte, weil es ihr auf der alten Stelle nicht mehr geheuer war.

Manfred Köhler/Wolfgang Saalfeld/Klaus Schiller (Hg.): Antifaschistische Literatur 1933–1945, Frankfurt a. M./Berlin/München (Diesterweg) 1977, S. 59 ff.

Bildquellenverzeichnis

S. 122: Heinz Dieter Schmid (Hg.): Fragen an die Geschichte, Bd. 4, Frankfurt a. M. (Hirschgraben) o. Jg., S. 71
S. 130, 141, 143 unten: Ullstein Bilderdienst, Berlin
S. 136, 137: Dorothea Stanić (Hg.): Kinder im KZ, Berlin (Elefanten Press) 1979, S. 34 und S. 38
S. 139, 142 oben: Bertolt Brecht: Kriegsfibel, Frankfurt a. M. (Zweitausendeins) o. Jg., S. 61
S. 142 unten, **S. 143** oben: Bundesarchiv, Koblenz

Für die Klassenstufe 7/8 empfehlen wir außerdem folgende Klett-Lesehefte:

Kurzprosa

Abenteuergeschichten
Zusammengestellt von Karin Steiert und Rainer Siegle
Klettbuch 26164

„Am Anfang müssen Geigen sein" – Sieben Geschichten zum Thema „Erste Liebe"
Klettbuch 26178

Auf der Suche nach Bethlehem – Texte zum Thema Weihnachten
Zusammengestellt von Peter Kohrs
Klettbuch 26158

„Jede Minute haut einer ab"
Alfred Andersch u.a. – Texte zum Thema „Fahrerflucht"
Zusammengestellt von Erich Ettensperger
Klettbuch 26139
Hörspielkassette 761070

Kürzestgeschichten
Zusammengestellt von Dagmar Grenz
Klettbuch 26107

Lornsen, Boy:
„Sie wohnen hinter dem Deich" –
Erzählungen über Land und Leute am Meer
Klettbuch 26172

Zeiger des Schicksals –
14 Kurzgeschichten
Zusammengestellt von Friedhelm Brinkmeier
Scherenschnitte von Frauke Holzgreve
Klettbuch 26168

Jugendbuch

Bayer, Ingeborg: Yamba
Mit Materialien, bearbeitet von Hans Georg Müller
Klettbuch 26101

David, Kurt: Antennenaugust
Mit Materialien, bearbeitet von J. Eckhard
Klettbuch 26113

Dickens, Charles: Oliver Twist
Gekürzte Schulausgabe
Mit Materialien, bearbeitet von Detlef Wilhelm
Klettbuch 26148

Kerr, Judith: Als Hitler das rosa Kaninchen stahl
Mit Materialien, bearbeitet von Toni Blaeser
Klettbuch 26071

London, Jack: Grausame Südsee
Mit Materialien, bearbeitet von Gerd Stein
Klettbuch 26125

Martin, Hansjörg: Bewölkte Vergangenheit
Eine Kindheit im Dritten Reich *(Originalbeitrag)*
Klettbuch 26145

Noack, Hans Georg: Trip
Mit Materialien, bearbeitet von Hermann Speth und Jürgen Wolff
Klettbuch 26119

Nöstlinger, Christine: Das Austauschkind
Mit Materialien, zusammengestellt von Günter Lange
Klettbuch 26169

Traven, B.: Der Schatz der Sierra Madre
Mit Materialien, zusammengestellt von Jörg Schubert
Klettbuch 26088